LA DERNIERE SORTIE ...

Chidera Ekwusa

LA DERNIERE SORTIE...

La dernière sortie…
Tous droits réservés (Copyright) :
© Chidera Ekwusa, 2023
Relecture, correction : Carol Ekwusa
Illustration : Helen Ghali
ISBN : 9798390811122
Independently published

Le Code de la propriété intellectuelle et artistique n'autorisant, aux termes des alinéas 2 et 3 de l'article L.122-5, d'une part, que les « copies ou reproductions strictement réservées à l'usage privé du copiste et non destinées à une utilisation collective » et, d'autre part, que les analyses et les courtes citations dans un but d'exemple et d'illustration, « toute représentation ou reproduction intégrale, ou partielle, faite sans le consentement de l'auteur ou de ses ayants droit ou ayants cause, est illicite » (alinéa 1er de l'article L. 122-4). Cette représentation ou reproduction, par quelque procédé que ce soit, constituerait donc une contrefaçon sanctionnée par les articles 425 et suivants du Code pénal.

Tous droits de traduction, d'adaptation et de reproduction interdits.

« Mieux vaut la fin d'une chose que son commencement»
Ecclésiaste 7:8

REMERCIEMENTS

A Dieu, pour ce qu'il est, pour ses bontés, pour n'avoir jamais cessé de me parler afin que je me remette sur le droit chemin

A ma mère, ma meilleure amie et confidente
A mon père qui me rassure avec les bonnes paroles
A mes parents qui m'ont appelée «Chidera», merveilleux prénom igbo gorgé de sens, dont la signification me porte à chaque saison de ma vie : «Once God says» ou encore «Ce que Dieu a dit, il a dit» ou encore «Rien ne peut changer la volonté de Dieu»
A mes frères Obinna et Scotty qui me redonnent le sourire et sont toujours là pour me soutenir
A Diatou, amie loyale qui m'a épaulée
A Jessica, amie qui m'a encouragée à écrire ce livre,

Je vous aime.

SOMMAIRE

INTRODUCTION 13

Chapitre I : Des papillons dans le ventre 17

Chapitre II : La lune de miel 31

Chapitre III : Les Montagnes Russes 41

Chapitre IV : La descente aux enfers 69

Chapitre V : Solitude et introspection 103

Chapitre VI : Mes challenges 121

Chapitre VII : Quand ton corps te dit STOP 133

Chapitre VIII : La renaissance 139

Chapitre IX : Un état d'esprit gagnant 149

Chapitre X : Mes 8 sujets de prière pour le mariage 159

CONCLUSION 169

INTRODUCTION

Ce livre s'inscrit comme une thérapie suite à la rupture de mes fiançailles après 7 ans de relation de couple avec un jeune homme que j'ai connu pendant 10 ans. Après lui avoir raconté mon histoire, une très bonne amie m'a dit : « Tu as fait un choix de femme », j'ai réalisé que ma décision était valeureuse.

L'écriture m'a amenée à assumer ce que j'avais vécu, à ne pas en avoir honte, à libérer mes émotions, à faire une introspection et à me décharger du poids qui pesait sur moi. J'ai écrit ce livre pour vraiment tourner la page, c'est un moyen de clôturer ce chapitre de ma vie. Ma foi en Dieu m'a permis de positiver et d'expérimenter la restauration divine.

Peu après la rupture, en me confiant à des proches, je leur ai dit : « Un jour, je vais écrire un livre sur mon histoire», sans savoir que cela allait vraiment se réaliser. Ce jour est arrivé et je suis fière d'avoir publié ce livre.

Suite à cette épreuve douloureuse, je ne pouvais pas rester dans le silence car je sais qu'il y a plein de femmes vivant cette situation et qui aimeraient pouvoir s'en sortir. Cela aurait été égoïste de ma part de passer ce témoignage sous silence. Je n'ai pas eu le choix. Ceci est mon appel et j'ai décidé d'y répondre. Du chaos naît la lumière, je crois que ce témoignage sera une lanterne pour beaucoup de personnes. A toutes les femmes qui sont dans des relations toxiques et qui se sentent piégées, j'espère que vous trouverez un moyen de vous libérer.

J'écris ce livre également pour ma fille, si Dieu m'en donne, afin qu'il puisse l'éduquer d'une certaine manière. Je souhaite qu'elle ne fasse pas les mêmes erreurs que moi et qu'elle puisse gagner du temps en lui transmettant cette histoire. A travers ce livre, je lui dis qu'il est indispensable de s'aimer, d'un amour sincère et inconditionnel. J'aimerais également faire gagner du temps à toute personne qui lira ce livre.

Je suis convaincue que chaque personne devrait pouvoir écrire son livre et laisser sa trace dans ce monde. Il n'y a pas besoin d'avoir fait des études en littérature ou d'être de ce milieu pour être auteur, il suffit d'avoir une histoire à partager. Imaginez le nombre de personnes qui pourraient être sauvées, imaginez la multitude de liens familiaux qui pourraient être brisés. Si tu le peux, écris-toi aussi ton histoire.

Bonne lecture

Pour préserver l'anonymat des personnes citées, les prénoms ont été modifiés.

CHAPITRE I
Des papillons dans le ventre

« Tu as captivé mon cœur, ma sœur, mon épouse ; tu as captivé mon cœur par un seul regard de tes yeux, par un seul bijou de ton collier. »
Cantique des cantiques 4:9

- **2010 : Notre rencontre**

J'ai rencontré Hervé par le biais d'amis en commun, j'étais alors célibataire. Je l'ai vu pour la première fois en 2010, j'étais avec un groupe d'amis, nous sortions d'une répétition de danse et nous sommes restés dehors devant la salle pour discuter.

Voilà alors qu'il passe à l'endroit où nous étions, il allait chercher des pizzas pour ses petits frères et sœurs. Il nous a salués, je l'ai trouvé charmant et différent des garçons du groupe avec lequel j'étais. Il est resté brièvement, le temps de nous saluer, mais une amie à lui, Stacy, a lu dans nos yeux qu'il se passait quelque chose. Elle nous a demandé si on se plaisait mutuellement, nous étions tous les deux gênés, je ne savais pas quoi répondre. Elle m'a dit : «Dis-lui juste, pourquoi pas», et c'est ce que j'ai répondu: «Oui, pourquoi pas ».

Son visage était gravé dans ma tête. Quelques jours après, j'ai cherché son profil sur Facebook, je l'ai ajouté, il a accepté ma demande mais rien ne s'est passé par la suite. Je me suis dit qu'il n'était pas intéressé.

Quelques mois plus tard, nous étions à l'été 2011, je passais une soirée chez Souleymane qui se trouvait être un ami proche de Hervé, d'ailleurs celui-ci était présent. Nous étions cinq, trois garçons et deux filles, c'était une soirée détendue entre amis, nous avons bien rigolé, bien mangé et beaucoup joué à la Wii. Hervé était très calme, c'est à peine si nous avions entendu sa voix. Il avait cuisiné des beignets bananes, c'était un régal, il s'est ouvert par la suite.

La soirée finie, Hervé m'a raccompagné chez moi, j'habitais chez mes parents, à une quinzaine de minutes à pied. Cela a été l'occasion de discuter réellement pour la première fois, j'ai apprécié sa personnalité, le courant est bien passé.

Juste avant de me coucher, j'ai reçu un SMS de Souleymane me disant que Hervé souhaite avoir mon numéro de téléphone. Souleymane voulait s'assurer que j'étais d'accord pour lui donner mon numéro. J'étais surprise car je pensais que Hervé me l'aurait demandé directement s'il le voulait, surtout qu'il avait eu l'occasion de le faire en me raccompagnant chez moi. Hervé m'a dit par la suite qu'il était intimidé et que cela représentait une marque de respect à mon égard.

Les jours, les semaines, les mois passent, j'étais quasi quotidiennement en contact avec Hervé, souvent par SMS ou par téléphone à toute heure. Il nous arrivait de prévoir de se voir le matin à la gare, ne serait-ce que pour cinq minutes, avant que chacun prenne son train et vaque à ses occupations de la journée. Nous étions étudiants, lui en DUT GEA (Diplôme Universitaire de Technologie en Gestion des Entreprises et Administrations) avec un contrat d'apprenti en entreprise et moi en Licence de Chimie à l'Université. Un matin, je lui ai ramené un pain au chocolat, c'était ma manière de lui montrer mon affection. Je ne savais pas qu'il ne prenait pas de petit déjeuner, mais ce petit geste lui a fait plaisir.

Notre premier rendez-vous amoureux a eu lieu en octobre 2011, nous étions allés au cinéma à Paris pour regarder le film « La Guerre des Boutons ». C'était drôle, nous nous sommes rapprochés encore plus. Je me sentais tellement à l'aise avec lui au point de mettre mes jambes sur les siennes. J'appréciais vraiment ce garçon, nous avons passé un bon moment.

Après la séance de cinéma, nous avons fait le trajet ensemble pour rentrer chacun chez soi, nous sommes descendus à la même gare. Au moment de se dire au revoir, je voulais qu'il m'embrasse. Voyant qu'il dirigeait sa joue pour me faire la bise, j'ai saisi ce moment pour l'embrasser sur la bouche. C'était magique, notre premier baiser sous le pont de la gare. Il était tellement content que je l'embrasse, il voulait le faire mais il avait peur que je refuse. Il m'a ensuite raccompagnée chez moi.

- **Le grand amour**

Etant chacun pas mal occupé, on privilégiait le contact par téléphone. Rochelle, ma meilleure amie de l'époque, avait prévu de fêter son anniversaire en boîte de nuit, j'ai donc proposé à Hervé d'être de la partie. Il avait demandé mon avis pour sa tenue vestimentaire, je lui avais dit de venir bien habillé sans pour autant mettre un costard.

Le soir arriva, j'étais habillée en mini-jupe noire et un haut fleuri avec une paire de talons compensées d'une dizaine de centimètres, prête à faire la fête ! La soirée commence chez Rochelle, qui habitait chez ses parents. Ils étaient présents ainsi que des cousins, cousines et amis à elle ainsi que Rochelle bien entendu, Hervé et moi-même. Nous avons célébré son vingtième anniversaire avec sa famille. L'ambiance était joyeuse et amusante, son cousin Anderson me taquinait un peu mais je n'y prêtais pas attention. Je connaissais déjà sa personnalité donc je n'ai pas pris son comportement personnellement. Il aurait pu me taquiner comme il aurait taquiné une autre fille...

Deuxième partie de la soirée, direction la boite de nuit, elle se trouvait à une dizaine de kilomètres, nous y sommes allés en transport en commun, c'était long et il faisait froid ! Une autre partie du groupe y est allée en voiture.

Arrivés au niveau de la boite de nuit, la queue était interminable ! Le cousin de Rochelle me taquinait de nouveau mais je ne faisais toujours pas attention. Le videur a fait remarquer à Hervé que ses chaussures n'allaient pas, il était en baskets. Il se trouvait qu'Anderson avait une paire de chaussures dans sa voiture, ils y sont donc allés pour échanger les chaussures de Hervé, et on a enfin pu fêter l'anniversaire de Rochelle !

Mes musiques préférées s'enchaînaient, RnB, dancehall, zouk, kompa. Moi qui aime la danse, j'étais servie, la soirée se passait à merveille. Je dansais avec mon chéri sur du zouk, j'étais aux anges. Nous alternions danse en groupe et danse en duo en suivant le rythme du DJ, il mixait impeccablement.

Anderson m'a proposé une danse, adorant danser, j'ai accepté volontiers. Il m'apprenait à danser la kizomba, tout ce qui pouvait me faire plaisir, je profitais de ma soirée. Nous étions tellement proches que je n'ai pas eu le temps d'esquiver son bisou. A cet instant, j'ai réalisé que je n'avais rien compris depuis le début. Je lui ai fait comprendre que je n'ai pas apprécié son geste, toute fois, j'ai continué de danser avec lui. La session zouk finie, nous avions rejoint le groupe, les pas de danse fusaient, le DJ nous régalait, la soirée était excellente.

Malheureusement pas pour tout le monde, en sortant de la boite de nuit, je sentais que Hervé était froid et distant, mais je me disais que c'était passager. Me concernant, j'étais persuadée de n'avoir rien fait de mal, je voulais juste danser, c'était ma faiblesse. Avec le recul, je n'aurais pas dû danser avec Anderson sachant que mon copain était là, et que je l'avais invité.

Il était environ 7h du matin lorsque je m'apprêtais à me mettre au lit. J'ai reçu un appel de Yanis, très bon ami à Hervé, qui était là également à la soirée chez Souleymane. J'étais étonnée de recevoir un appel de sa part ; j'ai décroché et là, cela a été une avalanche de colère, d'indignation et de déception. Il a jugé mon comportement inacceptable. Sa réaction était disproportionnée et agressive, je n'ai pas pu en placer une. Je me suis endormie avec le cœur lourd.

Hervé m'a contacté le lendemain afin d'avoir une discussion, il voulait comprendre ce qu'il s'était passé. En effet, il a vu la petite sœur d'Anderson pour lui remettre les chaussures qu'il avait empruntées, et elle lui a dit que son frère et moi, nous nous étions embrassés. Chose que je réfutais car ce n'était pas ce qu'il s'était passé. En effet, il a voulu m'embrasser, moi non, d'ailleurs je l'ai repoussé donc je ne voyais pas en quoi il s'agissait d'une tromperie. Il en a profité pour me reprocher de ne pas lui avoir précisé quel type de chaussures il devait mettre, personnellement sa tenue était correcte et nous étions surpris que le videur l'empêche de rentrer ainsi. Il m'a également reproché de ne pas avoir recadré Anderson lorsqu'il me taquinait et d'avoir plus danser avec Anderson qu'avec lui. Bref, je passais un sale quart d'heure. Il était blessé au point de vouloir arrêter notre relation, je ne voulais pas. Bien qu'en lui ayant raconté toute la vérité, il n'arrivait pas à passer au-dessus. Il m'a quitté une semaine plus tard. C'était un vendredi soir, à un arrêt de bus près de chez nous, il voulait un dernier bisou mais j'ai refusé.

Cette relation n'avait duré que deux semaines, ce fut un déchirement car on s'aimait tellement mais je l'avais blessé par mon comportement sans le vouloir. La rancœur qu'il ressentait à mon égard l'aurait amené à se venger. Il voulait éviter cela, et la seule manière possible pour lui, était qu'on se sépare.

Le lendemain, ma journée a été difficile, surtout au travail. J'étais hôtesse de caisse en grande surface le week-end en contrat étudiant. Les jours suivants également, je me rappelle avoir pleuré en cours à l'université. J'avais le sentiment d'être passé à côté d'une belle histoire d'amour. J'ai mal vécu de voir des personnes que je considérais comme amis s'éloigner, c'étaient des amis en commun, connaissances plutôt. J'étais mise de côté pour les sorties.

- **Les retrouvailles**

Quelques mois passèrent, nous étions au printemps 2012, j'ai reçu un appel de Hervé en fin de journée, j'étais dans ma chambre. L'appel a été bref, il m'a demandé ce que j'avais fait de ma journée, et lorsque je lui ai retourné la question, il m'a dit qu'il était parti à la foire du trône avec sa copine. Le mot «copine» a retenti dans ma tête, j'ai eu un pincement au cœur mais j'ai fait comme si de rien n'était. Je lui ai même demandé comment cette sortie s'était passée afin d'avoir l'air détachée. Il voulait absolument que je sache qu'il était en couple, sinon quel était l'intérêt de m'appeler ?

Il m'est arrivé de le recroiser à deux reprises le matin en allant en cours. Nous prenions le même bus pour aller à la gare. Je me rappelle avoir été tendue en le voyant. Le voir m'insupportais au plus haut point, j'étais prête à l'ignorer mais il me saluait quand même. Je n'arrivais pas à me détendre, surtout lorsque nous nous retrouvions à s'asseoir au même endroit au fond du bus. L'une des fois était le jour de mon anniversaire, j'ai été surprise qu'il me le souhaite.

Compte tenu de nos amitiés communes, il nous arrivait de participer aux mêmes sorties : bowling, cinéma ou encore billard. Je l'ai revu la première fois dans ce cadre, au bowling, nous devions être environ une quinzaine de jeunes, c'était vraiment sympa. Au cours de la soirée, il n'a pas arrêté de me lancer des piques et vouloir me ridiculiser. Nous avons pris un selfie à plusieurs et en regardant la photo qui venait d'être prise il a crié : « Aaaah, elle a des crottes de nez ! » alors que c'était faux. Au cours de cette même soirée, nous voulions prendre des cocktails avec une amie, il s'avérait que lui aussi ; donc, nous nous sommes dirigés vers le bar du bowling. Pendant qu'il goûtait son cocktail, nous lui avons demandé s'il était bon, et là, il nous a répondu : « Non, il est amer, il a un goût de

Chidera». A ce moment-là, j'ai réalisé qu'il était toujours blessé et qu'il m'en voulait encore, même après un an.

Début de l'été 2013, soit un an et demi après notre rupture, nous nous côtoyions une deuxième fois dans le même établissement, cette fois-ci en comité restreint pour jouer au billard. Etrangement, c'était la première fois que Hervé s'adressait à moi normalement, sans haine, sans rancune, sans malveillance, il prenait de mes nouvelles de manière sincère pour cerner la personne que j'étais devenue.

A cette époque, je venais de réussir mon concours d'entrée aux Grandes Ecoles d'Ingénieur, j'avais obtenu un très bon classement et je savais quelle école j'intégrerai l'année scolaire suivante. J'étais célibataire depuis deux mois, j'avais rompu ma relation de presque un an avec mon ex car je voulais me concentrer sur les épreuves du concours. J'allais bientôt quitter la région parisienne pour mes études ; donc, il était également temps pour moi de rompre mon contrat étudiant au supermarché.

Hervé finissait ses études en DUT GEA et aller débuter son DCG (Diplôme de Comptabilité et de Gestion) l'année suivante. Nous avons abordé le sujet de mes fiches de paie, je souhaitais qu'une personne puisse les vérifier. Une collègue m'avait dit qu'on lui remboursait 50% de son titre de transport, et ce n'était pas mon cas, bien que salariée depuis deux ans. La soirée s'est bien passée, nous nous sommes échangés les numéros de téléphone.

Nous nous sommes appelés quelques jours après, afin de fixer un rendez-vous pour ces fameuses fiches de paie. Il m'a proposé de venir chez lui, j'aurais préféré un endroit neutre mais j'ai finalement accepté d'aller chez lui. J'ai prévenu ma mère, j'ai tenu à lui dire la vérité. Ce n'était pas simple, elle était sceptique, mais j'y suis allée quand même.

Arrivée là-bas, je découvre son studio, il habitait dans un beau quartier, au centre-ville d'une ville voisine. Il avait emménagé le mois d'avant, j'étais gênée de devoir m'asseoir sur son lit, lui était assis à son bureau pour parcourir les fiches de paie et faire les calculs nécessaires. Une fois fini, il m'a confirmé que mon employeur me devait environ six cents euros et que j'allais devoir faire un courrier. Il m'a donc passé un livre avec pleins de modèles de courriers administratifs afin que j'emploie les bons termes. Il m'a réclamé vingt euros, étonnée, je lui ai répondu : « ...Je pensais que tu faisais ce geste en tant qu'ami». Finalement, ce n'était qu'une blague, il me taquinait.

Au cours de nos discussions, il m'a sincèrement dit qu'il ne m'avait jamais oublié, que je l'avais toujours manqué et qu'il avait maintenant tourné la page. Il m'a dit avoir rompu avec moi car à l'époque il n'avait pas la maturité ni les épaules pour endurer cela. Je suis restée sur mes gardes, car je me souviens de la fois où il m'avait dit qu'il aurait envie de se venger. Je me demandais à haute voix si ce moment était arrivé, il me rassurait. Il a reconnu que j'étais une fille bien et m'a confié qu'il m'appréciait réellement. Avant de partir, il voulait me faire un câlin, il m'a pris dans ses bras, je lui ai fait des petites tapes dans le dos. Ce à quoi il a réagi : « Mais Chidera, c'est quoi ça ? On dirait que tu fais un câlin à un gosse. Fais-moi un vrai câlin ». Nous nous sommes enlacés, c'était intense. J'ai pris la route car ma mère commençait à s'inquiéter, en effet, je n'avais pas prévu de rester aussi longtemps chez lui.

J'aimais travailler pendant mon temps libre pour faire de l'argent et économiser, je n'avais aucune charge. J'ai été hôtesse d'accueil d'une concession automobile française pour deux semaines au mois d'août. Hervé m'a invité chez lui après une journée de travail, c'était la troisième fois que je m'y rendais. Nous avons passé un agréable moment à parler de nos visions en termes d'études et de relations. Il m'a clairement fait comprendre qu'il souhaitait se mettre en couple avec moi. J'étais ravie de l'entendre et surtout ravie de constater qu'il avait tourné la page, et qu'il souhaitait que nous allions de l'avant. J'avais aussi envie d'être dans une relation de couple sérieuse. Je lui ai annoncé ma future installation à Toulouse pour mes études ; et donc, que nous serions en relation à distance pour environ 3 ans. Il avait l'intention de bâtir une relation solide avec moi, il se sentait capable et prêt à vivre cette relation à distance, moi aussi. Nos discussions étaient fluides, claires et sincères. Je me sentais bien dans ses bras, j'étais comblée car j'avais retrouvé mon âme sœur, mon amour, que j'avais perdu. Nous nous sommes embrassés, j'étais aux anges, jamais je n'aurai cru que nous formerions un couple à nouveau.

Moi qui disais ne jamais vouloir ressortir avec un ex, là je sentais que c'était différent. Nous avions raté quelque chose, c'était une belle occasion de recommencer à zéro et de vivre la relation que nous avions toujours voulue vivre. Celle que nous avions vécue s'était arrêtée si prématurément, nous ne pouvions pas nous contenter de cela.

CHAPITRE II
La lune de miel

« Faites tout avec amour » 1 Corinthiens 16 :14

- **2013 : La lune de miel**

Dix jours après notre baiser, je suis partie en vacances à Londres avec des amies pour faire la fête et s'amuser au carnaval de Londres. Etant donné ce qu'il s'était passé, j'ai vraiment fait attention à ne pas me retrouver dans des situations ambiguës qui auraient pu compromettre mon couple.

De retour en France, j'ai défait mes valises et refait mes valises pour partir à Toulouse. Mon père m'a accompagné à la gare Montparnasse, j'y ai rejoint Rochelle et Kadi, mes proches amies de l'époque qui sont venues me dire au revoir ! C'était émouvant, nous avons pris des photos. Hervé a tenu à venir également mais vu qu'il y avait mon père, c'était délicat, je ne voulais pas que mon père voie Hervé. Mauvais timing, Hervé s'est dirigé vers nous sans voir que mon père était là, il était sur le point de partir mais ils se sont croisés et salués. Mon père a dû se demander : « Mais qui est ce jeune homme qui se déplace pour dire au revoir à ma fille alors qu'elle ne m'en a pas parlé ? » Franchement, j'avais honte mais je me suis focalisée sur les au revoir. Cela m'a fait tellement du bien de les voir, j'avais le cœur déchiré, je ne voulais pas quitter mes amies et Hervé. Ce fut un moment très touchant.

J'avais une valise avec moi, j'avais apporté mes autres affaires lors de la visite et signature du bail de mon appartement étudiant quelques semaines auparavant. Le trajet a duré sept heures et demie, c'était interminable, d'autant plus que le train s'est arrêté dans plusieurs gares. Je suis arrivée à Toulouse en fin de journée, je me suis installée dans mon appartement, une nouvelle vie commençait pour moi.

J'ai fait ma rentrée quelques jours après, j'appréhendais ce nouvel environnement. Mes années en école d'ingénieur ont été les plus pesantes de ma vie. Scolairement tout allait bien, j'étudiais et j'obtenais de bons résultats. En dehors de l'école, j'avais sympathisé avec Yao, un étudiant de la résidence où je logeais, qui m'a fait découvrir Toulouse et avec qui je sortais de temps en temps. Mais, mon intégration à l'école était presque inexistante, je n'avais pas d'amis, je ne m'identifiais pas aux soirées et activités proposées durant la période d'intégration. J'en ai souffert, j'étais isolée et je me sentais extrêmement seule, cela ne s'est pas arrangé par la suite, j'avais raté le coche.

Hervé a passé son premier week-end à Toulouse, pendant le week-end d'intégration auquel j'avais finalement décidé de ne pas participer. Ce fut le premier week-end d'une longue série. Nous nous sommes promenés, allés au restaurant et avons passé beaucoup de temps dans mon studio à discuter. J'appréciais particulièrement ces moments de qualité.

Première nuit ensemble, je ne sais pas comment nous faisions pour dormir à deux dans un lit simple. Ce qui nous importait était d'être ensemble. Nous avions envie l'un de l'autre, la tension était palpable mais je ne voulais pas me donner à lui si tôt. Nous ne sortions ensemble que depuis un mois, et je ne voulais surtout pas qu'il voit cela comme une récompense pour être venu me voir à Toulouse. De plus, suite à ma précédente relation, je m'étais promis de ne plus coucher hors mariage; donc, rien ne s'est passé ce soir-là.

J'ai chéri cette période, c'était la lune de miel. Nous étions bienveillants l'un envers l'autre, il n'y avait pas de disputes, notre priorité était de profiter de ces moments rares où nous nous retrouvions, soit à Paris, soit à Toulouse. Le temps était compté, ces moments étaient précieux. Lorsqu'il venait à Toulouse, il arrivait le vendredi très tard le soir et repartais le dimanche soir ou le lundi tôt le matin au moment où j'allais en cours. Il venait m'accueillir sur le quai de la gare lorsque je venais à Paris, quelle joie lorsque je le voyais, c'était l'amour fou. Nos retrouvailles étaient intenses. Nous passions la nuit ensemble dans son appartement, et je partais le samedi matin tôt pour passer le week-end en famille. Je n'ai jamais pu faire un week-end à Paris pour le voir uniquement lui, ma conscience ne le permettait pas, je n'aurais pas eu l'esprit tranquille. Ma famille ne savait pas que j'étais en couple.

Nous avions trouvé notre rythme, notre équilibre, bien qu'à distance, notre relation était fusionnelle. Nous étions en constante communication et cela dès le réveil, il m'appelait tous les matins, nous étions au téléphone 3 à 5 fois par jour. Etant en alternance, il avait un rythme soutenu, et j'étais frustrée chaque fois qu'il fallait raccrocher avant de dormir. J'étais très dépendante car je me sentais seule. Je n'avais que lui, je sortais peu, c'était très dur. Je lui demandais beaucoup d'affection, le fait d'être au téléphone sans forcément parler me rassurait et me faisait du bien. Je pouvais réviser, faire mes devoirs en étant au téléphone avec lui, j'en avais besoin. J'arrivais à faire les deux en même temps, cela n'a pas compromis mes études et heureusement ! C'est une grâce.

En décembre, il est venu à Toulouse pour mon anniversaire, même si je venais à Paris la semaine d'après pour les vacances scolaires. Il a toujours fait ce qu'il pouvait pour venir me voir même si son budget était serré. Nous sommes allés dans un excellent restaurant gastronomique asiatique. L'atmosphère était intimiste et romantique. Nous nous aimions d'un amour pur, sincère et intense, c'était beau.

- **2014 : Sur mon nuage**

Yanis, son ami qui m'avait passé un savon au téléphone quelques années avant, lui a dit : « Hervé, je suis content que vous vous soyez remis ensemble, ça se voyait qu'entre vous deux il y avait quelque chose, plus que de l'amour ». En effet, nous ne pouvions pas se passer l'un de l'autre, c'était devenu mon oxygène. Je ne me voyais pas vivre sans lui.

Je n'avais pas d'amies, ni à Toulouse, ni à Paris. Oui, même celles qui m'avaient accompagnées le jour de mon départ s'éloignaient. Je ne voulais pas inquiéter ma famille ni leur faire de la peine ; donc, je leur disais que tout allait bien. A cette époque, Hervé était la perche qui me maintenait hors de l'eau, j'étais en dépression et je souffrais de dépendance affective mais je ne m'en rendais pas compte. Il était normal pour moi de toujours avoir envie de lui parler, je ne réalisais pas que je comblais un manque.

C'est dans ce contexte que j'ai lancé mon premier business Lotanna Wardrobe (LW). Cela me permettais de me créer un revenu étant étudiante, de rencontrer du monde et de m'occuper. Je trouvais que les modèles de robes proposés dans les boutiques de prêt-à-porter étaient classiques. A travers LW, je souhaitais permettre aux jeunes filles de sortir du lot lorsqu'elles iraient en soirée vêtues de tenues attirantes et originales. J'ai commencé à vendre via les réseaux sociaux, mon activité était fructueuse. Je recevais beaucoup de commentaires et de messages sur mon compte Facebook, j'étais pleinement satisfaite mais angoissée. Je pensais ne pas arriver à gérer toutes ces sollicitations donc je demandais à Hervé d'y répondre.

Mon premier client a été un homme, un DJ que j'avais connu grâce à Yao, il avait acheté une robe pour sa femme. Grâce à ce business, j'ai fait une interview dans une radio d'une école de communication et fait des jeux concours en partenariat avec des organisateurs de soirée.

J'ai essayé de me construire une vie sociale en dehors de l'école en m'inscrivant à des cours de danse, en participant à des concours de miss, en faisant des défilés de mode, en m'inscrivant dans diverses associations. Malgré le fait que j'ai côtoyé du monde, je ressentais toujours un manque car je n'avais pas d'amies avec qui je pouvais connecter, parler et sortir régulièrement.

Avec Hervé, on se voyait environ une fois par mois, j'avais tenu à ce qu'il vienne à Toulouse pour son anniversaire car j'avais une surprise pour lui. Nous sommes allés au spa d'un hôtel 4 étoiles pour se faire masser, c'était exceptionnel. C'était le premier cadeau que je lui offrais, il en était ému.

Pour l'été, nous avions décidés de partir deux semaines en vacances aux îles Canaries, nous avions hâte car cela allait être nos premières vacances en amoureux. L'hôtel a été sélectionné avec soin, nous avions une idée du type d'activités à faire mais nous les avons choisies directement sur place. Il disposait de chèques vacances grâce à son travail, j'étais persuadée qu'il les utiliserait pour nous deux. Je lui ai exprimé ma déception, ce qui a causé une dispute mais il est resté sur sa position, et je suis passée outre bien que j'aie été déçue.

Arrivés à destination, le soleil nous a accueillis, il faisait tellement chaud ! Nous étions ravis d'être dans un tel cadre. L'hôtel était comme nous l'avions vu sur le site internet, tout était parfait. On était à proximité de la plage, nos journées étaient remplies, on a profité de ces vacances à 100%.

J'ai malheureusement subi le premier abus durant ces vacances, à cette époque, j'avais vu cela comme un caprice mais avec le recul, j'ai réalisé qu'il m'avait manqué de respect. Nous passions la journée au parc aquatique, est arrivé un moment où nous étions en désaccord sur un sujet ; il s'est mis à bouder et avancer rapidement, me laissant toute seule derrière. J'ai été profondément blessée et humiliée car je ne supporte pas les prises de bec en public, je trouve cela puéril, dégradant et gênant. Je ne voulais pas ternir cette journée donc je ne lui en ai pas tenu rigueur. Cela a été une grosse erreur de ma part. Malgré cet incident, nos vacances se sont très bien passées. Il m'a surprise avec un bouquet de fleur le matin de l'anniversaire de nos un an de couple. Etant une amoureuse du romantisme, j'ai été servie.

De retour en France, il a absolument tenu à me présenter sa tante, son plus proche parent à Paris. J'appréhendais la rencontre car je me demandais si elle allait m'apprécier. Il me rassurait en me disant que tout se passerait bien. Sa tante étant sympathique, le courant ne pouvait que passer entre nous. Effectivement, les présentations se sont très bien passées, nous avons beaucoup discuté et j'avais l'impression de parler à une tante que je connaissais depuis longtemps, elle est devenue ma tante.

Ses parents, frères et sœurs habitent au Cameroun. Quelques jours après, j'ai fait la connaissance de sa mère et quelques-unes de ses sœurs au téléphone. Ainsi, c'était sa façon de me montrer son sérieux.

- **2015 : L'épanouissement**

Nous avons commencé cette nouvelle année 2015 par un week-end en amoureux à Barcelone. Cela a été l'occasion de se retrouver dans un autre environnement et passer du bon temps. Ce week-end fut agréable, nous logions dans un bel hôtel à proximité de la plage et des centres d'intérêts de la ville. Une bouffée d'air pour nous, cela nous a fait du bien.

Je lui ai ramené quelques affaires de la maison afin Cette année, nous avons pu passer beaucoup plus de temps ensemble car j'ai effectué mon stage de deuxième année d'école d'ingénieur à Paris pendant trois mois. C'est également l'année où nous avons passé le plus de temps sans se voir. En effet, j'ai fait un semestre d'études en Afrique du Sud de juillet à novembre. C'était une période difficile, mais nous avions chacun nos occupations donc ces mois se sont bien passés et nous l'avons bien vécu. Nous nous donnions des nouvelles tous les jours au téléphone.

Il est venu me voir en Afrique du Sud mi-novembre, à la fin de mon séjour pour cinq jours. Je lui ai fait découvrir la ville où j'habitais, les endroits que je fréquentais régulièrement, et je l'ai présenté à mes amis. Pour sa venue, j'avais réservé un appartement pour que nous puissions avoir notre intimité car je vivais en colocation et je partageais ma chambre avec une camarade de l'école. Ces cinq jours ont été des jours de pur bonheur.

CHAPITRE III
Les Montagnes Russes

«*Celui qui garde l'instruction prend le chemin de la vie, mais celui qui délaisse l'avertissement s'égare*»
Proverbes 10 :17

- 2016 : Un équilibre à trouver

2016, dernière année d'études en école d'ingénieur, je faisais mon stage de fin d'études à Nantes. J'y suis restée les six premiers mois de l'année. Le poste était intéressant, les deux premières semaines j'étais avec les opérateurs de l'usine en 3x8. La première semaine, je travaillais le matin de 5h à 13h, puis la deuxième semaine l'après-midi de 13h à 21h. Cela a été très formateur et indispensable pour connaître les procédés de fabrication, comprendre le quotidien des opérateurs mais aussi les problèmes rencontrés dans leur travail. Cela représentait un avantage considérable pour traiter au mieux mon sujet de stage et proposer des solutions.

Les collègues étaient sympathiques, il y avait d'autres stagiaires et alternants avec lesquels je m'entendais bien ; donc, on se voyait après le stage pour aller au cinéma, au restaurant. Je me sentais bien à Nantes, j'en garde un agréable souvenir.

Certains week-ends, Hervé venait me voir ou j'allais le voir, nous fonctionnions intuitivement.

Je m'étais inscrite à un cours de danse street-jazz, j'avais besoin de reprendre la danse, cela me manquait tellement. C'était aussi un moyen de sociabiliser. Premier cours, je me suis tout de suite bien entendue avec Chloé, le courant passait totalement, les gens nous demandaient si nous étions sœurs ou cousines. Cela nous faisait rire car nous nous connaissions réellement que depuis trois minutes. Ce fut une belle rencontre, elle m'a présenté à ses amies, nous partions en soirée ensemble, répétions les chorégraphies pour le spectacle de danse ensemble ; j'ai dû en apprendre certaines avec elle car j'ai intégré les cours de danse en cours d'année, tardivement. Chloé, une plaisante rencontre sur Nantes, si seulement j'avais pu la connaître plus tôt.

En mai, j'avais habillé les candidates d'un concours de miss à Toulouse avec les robes LW. C'était génial, une très belle expérience. J'ai pu revoir des connaissances et des filles candidates de l'édition 2014 avec lesquelles j'avais sympathisé. La soirée était superbe.

Fin 2016, après trois ans de relation à distance, il était temps de vivre de vraies retrouvailles avec Hervé. On ne se lâchait plus, on se voyait presque tous les jours, dès que possible je passais la soirée chez lui ou nous allions dîner au restaurant. Notre relation a connu un tournant, nous sommes passés de rien à tout en très peu de temps, il a fallu réajuster notre équilibre, cela a été laborieux.

Je commençais mon premier travail en tant qu'ingénieur dans le secteur de l'industrie pétrolière. J'étais fière mais il a quand même réussi à minimiser mon accomplissement, en me disant que je ne méritais pas ce travail car, effectivement, j'étais mal payé. Mais il y a un début à tout, et je ressentais de la jalousie de sa part. Au lieu d'être heureux pour moi et me motiver, cela a été la seule chose qu'il a trouvée à dire. Il a commencé à me rabaisser également au niveau de mes business en me disant que je ne savais pas les tenir et en m'accusant d'être la cause d'échec à ses études et examens.

Notre proximité excessive a fini par faire éclater notre couple. Un soir au téléphone, il m'a demandé de lui remettre les clés de son appartement : c'était fini. Je suis allée les déposer dans sa boite aux lettres après le travail. J'étais déchirée, je suis rentrée chez moi en pleurant. Mon grand frère ne m'avait jamais vu dans cet état, il est venu dans ma chambre pour me consoler et me demander ce qu'il s'était passé. Je lui ai demandé de l'appeler pour rattraper la situation. Hervé lui a expliqué : « J'aime ta sœur mais elle est trop collante, je n'y arrive pas ». Hervé m'a confié par la suite : « Pour que ton frère m'appelle c'est que tu m'aimais vraiment ». La rupture a duré l'espace d'un ou deux jours.

- **2017 : L'officialisation**

Nous avons décidé de partir en vacances avec des amis pour l'été 2017. Nous avions créé un groupe WhatsApp afin de choisir ensemble les dates et la destination. Le choix s'est porté sur la ville balnéaire de Valence située en Espagne pour deux semaines. Hervé, Manuel et moi y sommes restés toute la durée des vacances, une amie et sa sœur sont parties au bout de la première semaine et la copine de Manuel nous a rejoints au cours de la deuxième semaine.

C'étaient des vacances détentes, histoire de passer du temps entre amis. Djibril, le frère de Hervé vivait à Alicante, une ville située un peu plus au Sud, toujours sur la côte méditerranéenne. C'était l'occasion de lui rendre visite, nous y sommes allés quelques fois pour faire du shopping et aller en soirée. Il nous a fait découvrir pleins de bars et nous a offert des verres. Etant donné qu'il connaissait du monde, nous étions toujours bien reçus. Ces vacances n'auraient pas été les mêmes sans Djibril.

Pendant ces vacances, Hervé et moi avons quand même réussi à nous disputer, c'était malaisant car cela se produisait devant nos amis. Je déteste les disputes en public mais Hervé n'en avait rien à faire. Un jour, nous nous étions disputés le matin pour une broutille. Nous étions dans l'appartement, la tension était encore présente donc j'ai déjeuné sans lui, il n'a pas mangé. Avant de sortir, je lui ai dit que j'allais faire un tour touristique de la ville en bus l'après-midi, il ne voulait pas venir, il était encore énervé. Cela ne m'a pas empêché de profiter de ma journée. D'ailleurs j'ai savouré ce moment en ma propre compagnie, cela m'a fait du bien, je me suis changée les idées et j'ai rempli ma tête de souvenirs.

De retour le soir, nous nous sommes expliqués, il n'avait pas apprécié que je déjeune et passe la journée sans lui. D'après lui, même si nous étions énervés, nous devions passer la journée ensemble. C'est-à-dire que je devais rester à la maison avec lui à ne rien faire. Eh bien, je ne voyais pas les choses de cette manière. Il était hors de question de gâcher une journée de vacances et de rester dans une ambiance pourrie.

Autre anecdote : nous avions repéré un restaurant de fruit de mer sur le chemin de la plage. À chaque fois que nous passions devant, nous nous disions que c'était un bon endroit pour déguster des fruits de mer. Nous y sommes donc finalement allés pour dîner. Le serveur nous installe et nous tend les menus. La carte donnait envie ! J'ai demandé à Hervé ce qu'il prenait, et cela l'a directement énervé, il ne voulait pas me répondre. Je n'ai pas compris son attitude, il ne faisait que répéter « Choisis pour toi, t'as pas besoin de savoir ce que je vais prendre ». Le ton est monté alors qu'il lui suffisait de me répondre ce qu'il allait commander, je demandais par simple curiosité.

Nos amis étaient embarrassés. Il avait la sale habitude de vouloir régler ses comptes en public, nous avions déjà eu une conversation ensemble à ce sujet mais cela lui demandait beaucoup d'efforts. J'ai passé de bonnes vacances mais ces disputes en public ont été l'ombre au tableau.

Hervé avait prévu de rendre visite à sa famille au Cameroun pour le mois de septembre et d'y rester un mois. Il m'a proposé de venir avec lui afin qu'il puisse me présenter à sa famille. Je leur avais déjà parlé au téléphone et j'avais hâte de les rencontrer. Mais, mes parents n'étaient pas au courant de ma relation, j'en avais parlé qu'à mes frères. Pour un voyage comme celui-ci, en Afrique, où j'allais être hébergée, je me devais de leur en parler afin qu'ils puissent avoir toutes les informations nécessaires.

J'avais déjà parlé de Hervé à mes parents deux ans auparavant, si je me souviens bien. A cette période, mes études étaient la priorité pour eux. Mais là, il fallait qu'ils se rencontrent. Hervé est venu à la maison, il était stressé, c'était la première fois que je présentais un petit-ami à mes parents, car notre relation était sérieuse. Il a annoncé ses intentions à mes parents et la volonté de se marier avec moi. Il était aussi important pour moi que je puisse faire la connaissance de sa famille.

J'ai été très bien accueillie au Cameroun, le courant est tout de suite passé avec sa famille. Il a beaucoup de sœurs, je n'en ai pas donc j'étais ravie de passer du temps avec elles. Les membres de sa famille ont été aux petits soins et ont veillé à ce que je me sente à l'aise. Nous logions à Bafoussam dans la maison familiale, nous avons visité le village dont son père était chef ainsi que les villes de Foumban et Dschang. Ce voyage était riche en découverte culturelle. J'étais contente d'avoir vu l'environnement dans lequel Hervé avait grandi, j'ai eu le sentiment de le connaître davantage.

Son père lui a dit que j'étais une bonne personne, que c'était grâce à moi qu'il en était arrivé à ce niveau aujourd'hui. Il voyait que la vie de son fils s'améliorait et qu'elle était de plus en plus stable.
Hervé était la seule personne que je connaissais là-bas, il aurait dû être constamment prévenant. Je

n'aurais jamais dû me sentir mal à l'aise en sa présence ou à cause de lui, mais c'est arrivé.

Avec Hervé et deux de ses sœurs, nous étions partis rendre visite à son petit frère qui faisait ses études à Dschang. Les heures passaient, je commençais à avoir faim donc, je lui demandais où est-ce que nous pourrions nous arrêter pour manger mais il était indifférent. J'étais dans un endroit que je ne connaissais pas, il n'y avait rien. Evidemment je n'étais pas dans mon assiette, il me reprochait de ne pas faire d'efforts et me méprisait d'avoir faim. D'après lui et sous prétexte que personne n'avait déjeuné, je n'avais pas à me plaindre. Il m'avait carrément dit que j'étais égoïste, que je n'arrivais pas à me contrôler et que j'agissais comme une enfant. Pourtant j'étais juste en retrait et très calme, il attendait de moi que je sois souriante et que je fasse comme si de rien n'était. Mais imagine-toi passer une journée sans manger alors que ce n'était ni prévu ni choisi, c'était frustrant. Ajoute à cela la chaleur, les longs trajets en route avec leur état déplorable. J'attendais de lui qu'il fasse attention à moi et qu'il veille à ce que je me sente bien. Il était énervé, son comportement m'a refroidie.

Ensuite, nous sommes allés rendre visite à sa famille maternelle à Foumban. Son grand frère Djibril était là-bas, et cela m'a étonné qu'il ne séjourne pas dans la maison familiale avec nous à

Bafoussam. C'est alors là qu'il m'a dit : « Le Chef et moi, on s'entend pas », puis après, voyant que j'attendais qu'il en dise plus, il a ajouté : « Ce n'est pas mon père, tu ne savais pas ?! ». A cet instant, je me suis décomposée, Hervé m'avait caché cette vérité, pourquoi ne m'avait-il pas dit cela ? Je n'ai pas compris pourquoi. S'il me cachait cela, que pouvait-il me cacher d'autre ? Cela m'a fait mal, d'autant plus qu'il m'avait déjà caché des choses avant et assuré m'avoir tout dit sur sa vie. Je peinais à lui faire confiance. Je n'étais pas à l'aise durant toute la soirée, son frère a dû trouver cela bizarre que je ne sois pas au courant, je suis passée pour une idiote. En plus de ce qu'il s'était passé la journée, je n'avais qu'une envie, rentrer et en parler avec Hervé.

A la fin de notre séjour, sa maman a tenu à nous accompagner à l'aéroport de Yaoundé depuis Bafoussam. Nous avons fait le trajet en bus jusqu'à Yaoundé, qui a duré sept heures. Le chauffeur s'arrêtait souvent au niveau des vendeurs sur la route. Si on avait besoin de quelque chose, on achetait depuis les fenêtres du bus. J'avais dit à Hervé que j'aimerais acheter des ananas et des avocats pour la France, il m'avait répondu qu'on s'arrêterait sur la route pour en acheter. Les fruits du pays étaient tellement bons !

A mi-chemin, le car s'est arrêté pour un contrôle, tout le monde est descendu pour marcher quelques mètres. Je lui ai fait remarquer qu'il y a des marchands de fruits, il m'a rétorqué sèchement : « Non, pas maintenant le stand est loin, le bus va partir, faut qu'on y aille ! ». Bizarrement le stand où il s'était acheté des brochettes de suya n'était pas loin pour lui mais les étalages de fruits si. Alors qu'ils se trouvaient à dix mètres l'un de l'autre. Là encore, il a fait son nerveux, d'après lui, je ne pensais qu'à moi, je ne savais pas évaluer les situations car nous aurions raté le bus alors que non. Franchement, je n'ai pas compris son attitude, cela m'a contrariée et je l'ignorais. Il a commencé à vouloir régler cela dans le bus alors qu'il y avait sa mère à côté. C'était gênant, elle a tout entendu. Il n'arrêtait pas de me critiquer, et me dire : « Pourquoi tu fais la gueule ? ». Je ne voulais pas rentrer dans son jeu, surtout qu'il savait pourquoi. J'ai un visage expressif, mes émotions se lisent sur mon visage. Cela l'a énervé de me voir ainsi. Des fois, j'avais l'impression qu'il voulait compliquer les choses, c'était épuisant.

Arrivés à Yaoundé, nous prenons un taxi jusqu'à l'aéroport, nous étions quatre avec le chauffeur de taxi et nous avions au moins six valises. Nous avons du faire preuve d'organisation pour tout faire rentrer dans la voiture, ce n'était pas simple. J'ai demandé à Hervé si nous irions à l'hôtel pour pouvoir se laver et se changer. Etant donné le périple, je pense que ma question était légitime. Il me parlait mal : « Mais réfléchis ! Si on va à l'hôtel, on va rater le vol ! » Je lui faisais pleinement confiance, je n'avais aucune notion des distances. De plus, je n'avais pas de puce téléphonique pour accéder à Internet. J'ai détesté être aussi vulnérable et dépendante de quelqu'un, ce n'est pas moi.

Il a dit au chauffeur de s'arrêter sur le chemin pour que nous puissions acheter des fruits. A ce stade, j'étais tellement blasée, que j'avais fait une croix sur ces fruits, contrairement à Hervé, qui voulait se rattraper. Je n'ai pas pu acheter tout ce que j'avais prévu car certains fruits se vendaient sur la route du bus mais j'étais tout de même contente.

Arrivés à l'aéroport, les au revoir avec sa maman ont été touchants. Nous y sommes arrivés beaucoup trop tôt, j'étais agacée car nous aurions vraiment eu le temps de nous rafraîchir à l'hôtel, nous avons dû nous contenter des toilettes de l'aéroport. Heureusement que j'avais ce qu'il fallait à portée de main pour me rafraîchir. Lui-même était soulagé que je puisse lui passer des lingettes. Bref je déteste être prise pour une personne qui ne sait pas réfléchir tout cela pour qu'au final on me donne raison. Il n'y a rien de plus agaçant, et c'était souvent comme cela.

Sa famille était adorable, mais il m'a négligée, j'étais déçue de son comportement. Une de ses sœurs a osé lui dire : « Je ne sais pas si elle aurait fait la même chose pour nous ». Déjà, j'ai trouvé sa remarque déplacée, et lui, au lieu de le lui faire remarquer, il n'a rien dit. Il ne peut pas laisser sa sœur parler de moi ainsi, il est censé me défendre, mon opinion lui passait au-dessus de la tête.

Pour mon anniversaire à la mi-décembre, j'ai planifié un week-end à Madère, une île portugaise, pour me chouchouter; spa et farniente étaient au programme. Etant une personne spontanée, cette idée m'est venue une semaine avant. J'étais en froid avec Hervé donc je ne lui en avais pas parlé jusqu'à ce qu'on se réconcilie, c'est-à-dire deux jours avant mon départ. Il a quand même tenu à passer le week-end avec moi, mon vol étant plein, il a pris le précédent et m'a attendu à l'aéroport. Ce week-end était magnifique, j'en garde de bons souvenirs.

Mes parents avaient déjà rencontré Hervé donc j'ai suggéré qu'il vienne passer les fêtes de fin d'année avec nous. Il les passait généralement seul, pour lui, c'étaient des journées comme les autres. Cette année j'ai tenu à ce qu'il se joigne à nous. J'étais ravie qu'il soit venu et qu'il passe du temps avec ma famille.

- **2018 : De mal en pis**

J'avais mon business dans le prêt-à-porter féminin LW, et je participais à des salons afin de promouvoir et booster mes affaires. Hervé m'a beaucoup soutenu dans cette activité, il prenait le temps de m'accompagner même si les salons avaient lieu hors de la région parisienne, nous sommes allés à Rouen, Nantes et Lyon.

Ma vie était stable, j'avais emménagé dans un appartement afin de me rapprocher de mon lieu de travail. Je commençais à voyager de plus en plus dans le cadre du travail avec des déplacements de plusieurs semaines en Pologne, en Argentine et en Thaïlande.

Tout allait pour le mieux, je me sentais prête à me marier et fonder une famille. Nous n'étions pas sur la même longueur d'onde, il était encore étudiant et souhaitait finir ses études avant de se marier. Cela faisait déjà quatre ans que nous étions ensemble et que je m'impliquais dans sa vie pour qu'elle s'améliore et qu'il soit plus qu'un potentiel. Je l'avais construit et je redoutais de ne pas pouvoir en recueillir les fruits. Je ne voulais pas le construire pour sa prochaine relation mais pour la nôtre. De plus, cela faisait un an qu'il s'était présenté à mes parents avec une intention claire de me marier, il s'était engagé envers ma famille et moi.

Ses études prenaient plus de temps que prévu, j'étais frustrée et j'avais l'impression qu'il se moquait de moi. A chaque fois que nous abordions ce sujet, il ressentait que je lui mettais la pression alors que j'avais besoin de visibilité, de savoir où j'allais. Je n'étais pas intéressée à l'idée d'être en couple pour être en couple, il me fallait un but. Il me demandait d'être patiente, mais plus le temps passait, plus j'avais l'impression de perdre mon temps et que ce moment n'arriverait jamais. Il ne se sentait pas à la hauteur, et il était conscient qu'il ne pouvait pas m'apporter certaines choses, mes besoins n'étaient pas comblés, je lui en demandais trop à son goût.

L'été arrive, nous voyageons au Nigeria avec ma mère, rien que toutes les deux. C'était notre premier voyage entre nous et la troisième fois que je m'y rendais. J'ai particulièrement apprécié ce séjour car ma mère avait préparé tout un programme pour qu'on puisse visiter différents sites touristiques à Lagos, Abuja et Owerri. Nous avons bien sur passé du temps avec la famille et les amies de ma mère. Ce séjour était top !

Je sentais Hervé distant, je lui ai partagé cette pensée. Il m'a répondu qu'il me laissait le temps de profiter de ce voyage et de ma famille. J'étais très attachée à lui, j'avais ce besoin constant d'être en communication avec lui. Je l'aimais profondément. Notre relation était intense, tantôt conflictuelle tantôt fusionnelle, c'étaient les montagnes russes. Je ne gardais pas mes insatisfactions pour moi, je lui partageais tout, il n'y a jamais eu de non-dit entre nous en ce qui me concernait. Au cours d'une conversation téléphonique pendant que j'étais là-bas, il m'a balancé : « Si je ne suis pas assez bien pour toi, va te chercher un mari au Nigeria. Tu trouveras mieux. Tu m'en demandes trop ! ». Ma mère était tellement choquée d'apprendre cela, elle considérait qu'il n'avait pas à dire cela même s'il était énervé. Elle voyait que je justifiais ce comportement par le fait qu'il était sous le coup de l'émotion et ne trouvait pas cela normal. Elle avait raison, ce n'est pas une parole à dire à quelqu'un que l'on aime et avec laquelle on souhaite construire un foyer. Elle ne le voyait pas d'un bon œil. J'étais aveuglée par l'amour au point de ne pas réaliser que c'était inacceptable.

- 2019 : Tout ne tient qu'à un fil

J'ai eu l'occasion de beaucoup voyager cette année-là tant avec le travail qu'avec mes amies, j'en ai vraiment profité. J'étais souvent en déplacement professionnel en Pologne pour mettre en route une usine de production de vodka. J'ai apprécié travailler dans cette entreprise et surtout participer à des démarrages d'usine, c'était formateur et concret. Cela faisait deux ans que j'étais ingénieure au sein de cette entreprise, et je souhaitais évoluer vers un autre poste qui me permettrait d'intervenir en amont des projets. C'est dans ce contexte que j'ai changé de travail en avril.

Tout se passait pour le mieux avec Hervé. L'entreprise où j'avais été embauchée et celle dans laquelle il travaillait étaient proches de chez lui; donc, nous pouvions déjeuner ensemble et passer plus de temps ensemble après le travail.

Il avait beaucoup de travail et de stress. Pour ses anniversaires, je préférais lui offrir des expériences plutôt que du matériel. Il découvrait toujours des choses qu'il n'avait jamais faites. C'était ma manière de lui témoigner mon attention et que je le connaissais car les cadeaux étaient en accord avec sa personnalité. Cette année, j'avais prévu un week-end à Deauville. Nous devions partir un vendredi soir. Ce soir-là, son attitude m'a dégoûtée, il était contrarié de partir en week-end car il avait trop de travail. Il était incapable d'apprécier le geste et l'a d'ailleurs reconnu par la suite. Le week-end s'est bien passé, c'était le début du printemps, le temps était agréable. Nous avons fait des promenades à vélo, découvert le centre-ville et nous nous sommes baladés sur la plage. Cette escapade lui a fait du bien. Je me souviens ne pas avoir été à l'aise au niveau de la nourriture, il contrôlait ce que je mangeais, c'était une source de conflits. Je me privais dans l'unique but d'éviter des disputes au restaurant, des pratiques qui étaient devenues sa spécialité.

Il avait commencé un business en plus de son poste en alternance et ses études. Il accompagnait un ami dans la gestion de son entreprise et il était également son comptable. Il travaillait énormément, et se déplaçait régulièrement pour faire la comptabilité. Je voyais bien qu'il y avait d'autres moyens de procéder pour travailler efficacement mais il n'a jamais voulu tenir compte de mes conseils alors qu'il se plaignait d'être épuisé par le travail. Hervé était devenu encore plus indisponible qu'avant, j'étais mise sur le côté, encore une fois.

J'avais l'envie de diversifier mes revenus et surtout créer un business qui changerait de ce que j'avais fait auparavant. Cette fois, je voulais vraiment être dans la création, la prestation de service. J'étais fascinée par les extensions de cils, je trouvais cette prestation minutieuse et je voulais maîtriser cet art. J'avais déjà eu recours à cette prestation plusieurs fois dans des instituts de beauté à Paris. D'ailleurs, une gérante d'un de ces instituts avait publié une vidéo sur les réseaux sociaux dans laquelle elle retraçait son parcours. Elle a révélé que ses mains constituaient son don, cela m'a tout de suite parlé. Je me suis reconnue en elle, ce qui m'a amené à m'inscrire à sa formation de pose d'extensions de cils.

Une fois formée, Hervé m'avait proposé de faire les prestations chez lui le week-end et même le soir après le travail. Son soutien dans cette nouvelle activité m'avait fait chaud au cœur, surtout que je ne m'y attendais pas. J'ai donc commandé le matériel nécessaire : une table de massage, un tabouret, une console à roulettes pour les produits et une ring-light[1]. Ceci en plus du kit de démarrage qui m'avait été remis à l'issue de la formation et qui contenait le matériel pour réaliser la prestation : extensions de cils, pinces et colle entre autres.

J'avais fait appel à des personnes via les réseaux sociaux pour être modèles afin que je puisse me perfectionner. J'avais réussi à planifier plusieurs rendez-vous, j'étais fière de moi et surtout très reconnaissante car ces personnes ne me connaissaient pas et m'ont fait confiance. J'étais stressée avant le premier rendez-vous, je craignais

---

[1] Mot anglais signifiant « anneau de lumière » ou « cercle lumineux » permettant de bien éclairer un sujet, répandu à l'usage des influenceurs et autres professionnels des métiers de l'image et du soin.

d'avoir du mal à coller les extensions de cils ou que la cliente n'apprécie pas le rendu. Au début, je mettais quatre heures pour faire une pose complète, les personnes étaient prévenues en amont mais je me demandais si elles allaient supporter de rester allongées aussi longtemps. Finalement, tout s'était bien passé, j'étais soulagée.

Quelques jours après, lors d'une conversation téléphonique habituelle, Hervé a exigé que je le paie 1€50 pour faire les prestations chez lui. Oui, 1€50, il n'y a pas de faute de frappe. Je suis tombée des nues, au début je pensais qu'il me taquinait. Il n'en était rien, Hervé était très sérieux, c'était cela ou je ne pouvais plus réaliser les prestations chez lui. Pour moi c'était trop, je ne parle pas de la somme bien entendu, mais du principe. N'oublions pas qu'il m'avait proposé de l'aide de son plein gré. Il n'y avait aucune urgence pour moi de commencer cette activité, et j'avais investi en fonction de sa proposition. Franchement, je n'ai pas compris, j'ai essayé de lui faire comprendre que sa demande n'avait aucun sens, mais il est resté buté. Chacun a commencé à s'énerver et la discussion a dégénéré en un instant. Mon refus ne lui a pas plu ; donc, il m'a menacée de mettre mes affaires dehors sur le champ, j'aurais à les récupérer sur le palier. Ce matériel coûtait cher, c'était insensé de les mettre dehors.

Sa réaction m'a tellement choquée. J'avais planifié des rendez-vous avec plusieurs modèles pour faire cette prestation quelques jours après. Il n'a rien voulu savoir et ne m'a pas laissé le temps d'honorer les rendez-vous prévus. Cela m'a fait mal au cœur car je m'étais démenée à trouver des personnes acceptant de me confier leurs yeux en étant débutante. Avec ce délai court, je n'avais aucun moyen de me retourner, et j'ai dû annuler ces rendez-vous en dernière minute, chose que je déteste faire mais je n'avais pas le choix.

Il a exigé que je vienne récupérer mes affaires le lendemain. Je suis donc venue le lendemain avec mon petit frère pour aller récupérer mes affaires. Avec la tension qu'il y avait entre nous, il valait mieux que je vienne avec quelqu'un pour mettre de la distance et éviter que la situation dégénère. J'étais abattue ce jour-là, je ne le reconnaissais plus. Il restait campé sur sa position. Il était hors de question que je continue à sortir avec lui alors qu'il était capable d'une telle chose, c'était violent. J'avais d'autres affaires chez lui; donc, j'ai décidé de tout prendre, même ce qu'il y avait dans son box. Je suis revenue l'après-midi avec mon père car c'était du matériel encombrant et je ne pouvais pas tout emporter d'une seule fois. Avant de charger la voiture, je l'ai regardé dans les yeux en lui demandant: « Tu es sûr de ce que tu fais ? », il ne m'a pas répondu. C'était fini. Je me sentais trahie.

J'ai tellement pleuré les jours suivants, c'était un mélange de tristesse, de haine et d'incompréhension. Il a essayé de me recontacter par tous les moyens, en m'appelant, en appelant mon grand frère et ma mère. Personne ne lui répondait. Il m'a contactée en utilisant au moins cinq numéros de téléphone différents, si ce n'est plus, et également envoyé des e-mails de déclaration d'amour. Il m'avait clairement manqué de respect et je ne voulais plus avoir aucun contact avec lui.

J'avais mis en vente sur une plateforme de vêtements d'occasion, les dernières pièces de prêt-à-porter de ma marque de vêtements. C'était un business que j'avais dû arrêter par manque de temps car je voyageais beaucoup avec le travail. C'était difficile de gérer les commandes à distance et je n'avais pas pu mettre en place un système pratique pour déléguer certaines tâches clés.

Un après-midi, je reçois une demande de commande de plusieurs articles avec remise en main propre dans la ville où j'habitais. Impossible de joindre la personne au téléphone, elle me disait qu'elle était au travail et qu'elle ne pouvait pas prendre d'appel. J'ai trouvé cela bizarre, normalement j'échange toujours de vive voix avec mes clientes avant chaque rendez-vous. Mon intuition me préconisait d'annuler ce rendez-vous.

Je soupçonnais Hervé de se cacher derrière cette cliente.

C'était une grosse commande alors j'ai décidé de m'y rendre. Nous avions convenu de nous retrouver à la gare. Connaissant bien cette gare, j'ai fait en sorte de voir si je l'apercevais mais je ne le voyais pas. La personne me disait qu'elle attendait devant l'entrée principale de la gare. Je me suis mise à ce niveau et là, je vois Hervé sortir du bar d'en face. Cela m'a irritée au plus haut point, j'ai immédiatement fait demi-tour pour rentrer chez moi. Je ne voulais pas lui parler. Il m'a couru après en criant mon prénom dans toute la gare, c'était gênant, j'avais honte.

J'ai finalement décidé de m'arrêter pour l'écouter. Il m'a présenté ses excuses, il voulait qu'on puisse parler tranquillement. Nous étions à proximité de la coulée verte, nous avons trouvé un banc pour discuter. Personnellement, je n'avais rien à dire. Il a reconnu ses torts entièrement et a regretté son comportement. Je lui ai fait comprendre que notre relation était terminée. Au cours de la discussion, je l'ai vu sortir une petite boite de sa poche et l'ouvrir, il m'a fait une demande en mariage. J'étais contrariée, je n'ai même pas voulu regarder la bague. J'ai carrément refusé sa demande. Il m'a dit : « Chidera, regarde-moi dans les yeux et dis-moi que c'est fini », je lui ai répondu : « J'ai pris ma décision Hervé, c'est fini ». Il m'a posé cette question plusieurs fois, je pense qu'il avait du mal à réaliser l'ampleur des dégâts qu'il avait causés. Demande en mariage ou non, c'était terminé. Il m'a raccompagnée chez moi. J'étais dégoûtée de lui, je ne me sentais pas en sécurité avec un homme qui pouvait se permettre de me chasser du jour au lendemain sans aucun état d'âme.

Le problème est qu'il avait tendance à toujours proposer son aide alors qu'il ne pouvait pas gérer. Puis, il me faisait culpabiliser d'avoir accepté son aide, en me répétant tout le temps : « Je me sacrifie pour toi ». Le problème est qu'il ne savait pas dire non, et je ne l'avais pas décelé. Il avait toujours ce besoin d'aider tout le monde. Avec le recul, je pense que cela lui permettait de se sentir utile et important. Il faisait cela plus pour lui que pour les autres.

La rupture a duré trois mois. Trois mois durant lesquels il ne m'a littéralement pas laissée respirer. Il ne voulait pas qu'un vide se crée par son absence. Il a donc veillé à toujours rester en contact avec moi pour ne pas que mon esprit s'éloigne de lui. J'essayais de mettre de la distance car j'avais besoin de prendre du recul et de réfléchir à ma nouvelle vie de célibataire. Il insistait pour me voir dès que possible, pendant la pause déjeuner, le soir après le travail ou le week-end. J'ai lâché du lest progressivement, sans réellement m'en rendre compte, et nous nous sommes vus de plus en plus régulièrement. Je n'ai pas eu assez d'espace pour réfléchir à ce que je voulais vraiment car il était toujours présent même si nous n'étions plus ensemble.

Je voyais qu'il regrettait sincèrement ce qu'il avait fait et qu'il faisait énormément d'efforts pour me reconquérir. Je lui ai finalement laissé une chance tout en lui imposant mes conditions. Elles lui convenaient, mais au fil des mois, sa nature allait refaire surface. Je me suis sentie piégée.

Entre temps, j'avais fait la connaissance d'un jeune homme à un festival caribéen qui s'était tenu dans le sud de la France. Nous avions dansé ensemble, le courant était super bien passé entre nous. Nous avons gardé contact et nous nous sommes revus sur Paris quelques semaines après. Nos conversations étaient intéressantes, nous apprenions à nous connaître sans pour autant me projeter sur une relation durable à long terme avec lui.

J'ai dû parler à Hervé de cette nouvelle rencontre mais il n'a pas digéré cette information. Il ne comprenait pas comment après six ans de relation, je puisse tourner la page aussi rapidement, c'était inconcevable pour lui. A mon grand regret, il s'est construit un imaginaire jusqu'à penser que j'avais couché avec lui alors qu'il n'y a eu ni câlins ni bisous avec cet homme. Avec le recul, j'aurais dû garder cette histoire pour moi car il a été profondément blessé. Il a voulu voir nos conversations par message et les journaux d'appels. Il est même allé jusqu'à contacter son ami Yanis qui travaillait chez un opérateur téléphonique pour obtenir mon journal d'appel, il ne me faisait pas confiance. Il a également appelé Kadi, une très bonne amie, pour la questionner à ce sujet. Elle n'est pas rentrée dans son jeu. J'étais de nouveau en couple avec Hervé donc j'ai coupé tout contact avec cet homme.

Environ un mois après que nous nous soyons retrouvés Hervé et moi, il a préparé une surprise pour fêter nos six ans de relation. Il n'a pas voulu me donner un seul indice, je connaissais juste l'heure du rendez-vous et que c'était sur Paris, rien de plus. Nous étions sur notre trente-et-un, j'avais les cheveux courts blond platine, un pantalon blanc taille haute évasé, un haut en dentelle noire avec une paire de talons. Il était très élégant, costume bleu marine avec des chaussures bordeaux, j'adorais quand il s'habillait ainsi. Il avait prévu un dîner croisière romantique sur la Seine au bord d'une prestigieuse péniche. La vue était magnifique, il avait pris le soin que nous soyons placés au niveau des baies vitrées. Le repas était excellent, nous avons passé un super moment, il a mis le paquet.

Après la soirée, nous décidons de rentrer. Après deux minutes de route, je me suis dit qu'il était vraiment dommage de ne pas profiter de Paris la nuit, j'ai garé ma voiture pour que nous puissions nous promener dans un Paris illuminé, c'était sublime. Nous étions sur notre petit nuage. Nous sommes arrivés au niveau d'un parc proche de la Tour Eiffel, la vue était superbe. Je lui ai demandé de me prendre en photo de face puis de dos. Et là, lorsque je me suis retournée, il était à genoux. Il m'a refait sa demande en mariage, la tour Eiffel s'est illuminée en même temps. C'était magique. La bague me correspondait, exactement la forme que je voulais et à ma taille. Je ne sais pas comment il a fait pour savoir et avoir ma taille alors que je portais peu de bagues à l'époque. Il a tout fait dans les détails jusqu'à se synchroniser avec l'horaire de scintillement de la tour Eiffel. Il m'a honorée. J'ai été touchée de voir qu'il a tenu à faire sa demande dans un cadre intimiste, romantique, il me connaissait par cœur. Il a assuré.

Avec ce qu'on avait vécu, nous ressentions le besoin de resserrer nos liens. Nous avons planifié des vacances à Miami puis en Jamaïque. Kadi se trouvant en Jamaïque, c'était l'occasion de la voir et elle a été notre guide pendant ce séjour.

Heureusement qu'elle était là, elle nous a partagés pleins de bons plans. Ces vacances étaient magnifiques, le meilleur séjour que nous ayons fait ensemble. Nous avons rigolé, nous nous sommes rapprochés et connectés davantage. Bref, nous avons profité au maximum. C'était génial, j'étais aux anges. J'avais hâte de lui passer la bague aux doigts, de vivre avec lui et de porter nos enfants. La relation se passait bien, mais petit à petit, les mêmes problèmes ont commencé à refaire surface. C'était léger donc cela ne m'avait pas interpellée.

Décembre arrive, le mois de mon anniversaire, je fêtais mes 27 ans. Il avait également prévu une surprise. Là aussi, impossible d'obtenir le moindre indice. Il avait raison, son cadeau a été d'autant plus surprenant. Nous avons passé le week-end dans un palace à Versailles, il a prévu tout un programme, il était aux petits soins, j'étais gâtée. Nous avons eu un coup de cœur pour ce lieu, je me demandais à haute voix s'il était possible d'y faire notre réception de mariage. Hervé a saisi cette parole et a insisté pour que nous la fassions là-bas, cela allait demander un gros budget mais il tenait à ce qu'on se marie là-bas. Nous avons fini l'année sur une excellente note.

CHAPITRE IV
La descente aux enfers

« *Car nous marchons par la foi et non par la vue* »
2 Corinthiens 5 :7

Début d'année 2020, la relation se dégradait à nouveau, je ressentais le besoin de m'exprimer par rapport à cette situation, j'ai donc commencé à écrire. Je me réveillais la nuit pour écrire car je ruminais mes pensées, et cela m'empêchait de dormir normalement.

Dimanche 12 janvier 2020 à 03h31
«Je ne serai jamais moi-même dans ce mariage, comme je n'étais pas moi-même pendant cette relation de 6 ans. Ton comportement concernant nos derniers échanges me prouve que tu n'as pas changé et que ces changements n'étaient que des façades. Tu es un contrôlant, je n'ai pas besoin de ça dans ma vie. Je suis jeune, belle et intelligente et cette relation me ternit. Je ne brille plus autant qu'avant. Je suis éteinte. Tu es toxique pour moi. »

En février, je lui ai proposé de passer un week-end à Alicante afin de prendre du temps à deux et resserrer nos liens. Le week-end nous a fait du bien mais les différends ont repris par la suite, rien n'avait changé. L'année 2020 a été la pire année de notre relation. Il était distant, j'avais l'impression de faire plus d'efforts que lui, je faisais plus d'efforts que lui, je faisais toujours le premier pas pour les réconciliations.

Début d'année, nous sommes allés au salon du mariage à Porte de Versailles. Nous étions dans l'euphorie des préparatifs du mariage. Cela a été l'occasion de prendre contact avec différents prestataires et de recueillir des idées pour la cérémonie et la lune de miel. Nous avons eu un vrai coup de cœur pour nos alliances lors de ce salon, ce qui nous a amené à les commander sur place. Elles étaient à notre taille, nous pensions que c'était un signe. Si nous savions…

De manière générale, j'avais du mal à me projeter et à dépenser pour ce mariage. Je pense qu'au fond de moi je savais que cela serait de l'argent perdu. Cela a été le cas. Son vrai visage s'est révélé. J'ai découvert un Hervé malhonnête, manipulateur et irrespectueux. Il ne tenait pas ses engagements et voulait me faire dire des choses que je n'avais pas dites. Il voulait imposer le lieu de la cérémonie du mariage alors qu'il n'en avait pas les moyens, c'était cette salle ou rien. Tout cela pour prouver aux membres de sa famille qui l'avaient maltraité étant petit, qu'il avait réussi. Ses décisions étaient basées sur son ego, il n'était pas lucide. Il me faisait du chantage pour que je clôture mon compte épargne

PEL (Plan Epargne Logement) et critiquait la manière dont je gérais mon argent. Le comble pour une personne que j'ai aidé financièrement régulièrement pour des besoins primaires. Il me disait que j'étais égoïste et que je ferais une mauvaise mère.

Préparer ce mariage a été compliqué car nous étions d'accord sur très peu de choses. Tout était source de conflit : le budget, le choix du lieu de réception, le plan de table, le déroulé de la journée, les animations ou encore le choix des musiques. Tout, absolument toutes mes suggestions étaient remises en question. Je n'ai jamais réussi à me plonger dans les préparatifs et à me projeter car les discussions en surface étaient stériles.

Le choix du régime matrimonial nous a également divisés. Je souhaitais faire un contrat de mariage, il était contre. Mais, il était hors de question que je me marie sans contrat de mariage.

Depuis notre rupture l'année passée, je réalisais que je ne m'étais jamais réellement reconnectée à lui. Parfois, j'évaluais les portes de sortie, je me déconnectais petit à petit de la relation, en me désengageant physiquement et émotionnellement.

Le 23 mai 2020, j'ai reçu un appel de sa tante, j'étais encore dans mon lit, elle paniquait en me demandant où Hervé était car elle n'arrivait pas à le joindre, son téléphone était éteint. Hervé était parti quelques minutes avant pour aller à la Poste. Elle m'a annoncé que le papa de Hervé avait rendu l'âme dans la nuit. Mes larmes ont coulé, j'étais ébranlée. J'ai attendu qu'il revienne, les minutes étaient interminables. Il avait allumé son téléphone entre temps et avait appris cette terrible nouvelle.

Suite au décès de son père, je lui ai suggéré de repousser la date du mariage de quatre mois, pour nous marier le 27 mars 2021. Cela a été l'objet de longues discussions car il souhaitait conserver la date initiale. Il était impossible pour moi que nous puissions à la fois gérer le deuil et les préparatifs du mariage. Il n'y avait aucune urgence à se marier, cela aurait été ajouter de la difficulté à la difficulté. Il a finalement reconnu que cela allait être compliqué, le mariage a été décalé pour l'année suivante.

Les mois passaient et je réalisais tant bien que mal que nous n'étions plus du tout sur la même longueur d'ondes. Sa manière de voir les choses avait changé, il s'est beaucoup rattaché aux traditions Bamilékés. Cela été la douche froide, je ne m'y reconnaissais pas et cela allait bousculer la vision qu'on avait construite pour notre futur foyer et l'éducation de nos enfants.

De lui, de sa vie, j'ai tout appris au compte-goutte, au fil des années. C'est comme s'il y allait toujours avoir une nouvelle à découvrir, rien de rassurant. Hervé est né dans une famille polygame et fortement nombreuse. Etant l'aîné de sa famille, il était susceptible lui aussi de devenir chef de village. Il y a quelques années, je lui avais demandé comment il voyait les choses concernant ce statut. Il n'a jamais été clair sur la question. Etant donné qu'on allait se marier et fonder une famille, j'ai remis le sujet sur la table. Allait-il endosser ce titre, pouvait-il le refuser ? Aurions-nous à échanger notre vie en région parisienne pour le Cameroun ? Et les enfants ? Allait-il lui aussi être polygame ? Il ne m'a jamais répondu.

Comment pouvais-je me projeter avec une personne qui se laissait porter sur un sujet aussi sérieux ? J'ai trouvé son attitude irresponsable, je sentais que je ne faisais pas partie de l'équation de son futur. Il m'était donc impossible de m'engager avec lui.

En juin, nous avons participé à une journée de préparation au mariage catholique. Etant chrétienne, je souhaitais me marier à l'église, lui aussi le souhaitait. Avoir la bénédiction de nos parents et de Dieu était important à nos yeux. Cet atelier a été grandement bénéfique, il nous a permis d'analyser les raisons pour lesquelles nous étions en couple, ce qui nous avait attirés et nous plaisait chez l'un et l'autre. Le but était de se poser les bonnes questions et confirmer que nous étions prêts à se marier, et surtout, se marier avec la bonne personne. A l'issue de cette journée, je n'étais pas à l'aise à l'idée de me marier religieusement avec lui. En effet, vu l'état de la relation, j'étais arrivée au stade où je me disais : « Si jamais ça ne fonctionne pas, je pourrais toujours divorcer ». Sauf que la portée du mariage religieux est spirituelle. Se marier devant Dieu est un acte sacré, on ne divorce pas pour n'importe quelle raison. Je ne me voyais pas non plus faire uniquement un mariage civil. Je devais prendre une décision.

Dieu a enchaîné les appels de phare cette année-là, il voulait vraiment me sauver. Un soir, j'étais chez moi avec Hervé, et j'ai reçu un appel de sa tante. J'étais surprise car elle ne m'appelait que très rarement. Elle n'a fait qu'exprimer son mécontentement sur la manière dont nous organisions le mariage jusqu'à me manquer de respect. J'avais activé le haut-parleur, Hervé étant à côté de moi, il entendait tout. A aucun moment il s'est interposé pour la remettre à sa place, je n'ai pas apprécié le fait qu'il soit resté passif. J'estime que mon mari doit prendre ma défense en public, devant sa famille et ses amis. C'est le rôle protecteur que j'attends d'un mari. Je me rendais compte que je ne pouvais pas compter sur lui sur ce point qui est très important pour moi. Ce n'est pas la vie que je voulais.

Qui plus est, il me manquait de respect, il a refusé de présenter ses excuses à mon père pour ce qu'il s'était passé en 2019. Il m'a clairement dit qu'il ne s'excuserait jamais. Un énième déclic, je ne pouvais pas accepter cela. Son comportement était devenu insupportable : il était contrôlant, irritable, rigide, impatient et me mettais la pression constamment. Il lui arrivait d'être ainsi parfois, même les années précédentes. Je communiquais avec lui à ce sujet pour qu'il réalise que son comportement était anormal et que c'était de la violence psychologique. Il ne s'en rendait pas compte, il s'excusait et recommençait, je crois que c'était plus fort que lui.

Un samedi matin, nous étions en train de faire les courses, nous nous dirigions vers les caisses. J'étais en train de vérifier si j'avais assez d'espèces pour savoir quel moyen de paiement j'allais utiliser. J'ai à peine eu le temps d'ouvrir mon portefeuille qu'il a commencé à s'impatienter. Je n'ai pas compris. J'étais tellement sous pression que j'en ai oublié le code de ma carte bleue. Il a commencé à me crier dessus, en disant que je n'avais pas à oublier mon code. Encore une scène en public, la honte !

Pourtant cela peut arriver d'oublier son code de carte bancaire. Il n'était pas de cet avis, cela ne pourrait jamais lui arriver, disait-il. Ce à quoi j'ai répondu ironiquement: « J'espère qu'en moment de galère ça ne t'arrivera pas, on va voir comment tu vas réagir si ça t'arrive. »

Cette année il avait fait des efforts pour que nous fassions plus de sorties, il avait réalisé que pendant toutes ces années, nous sortions peu. Il avait même établi un petit programme pour s'assurer de faire des activités régulièrement : concert ou encore one-man show. Il voulait me faire découvrir les spécialités culinaires libanaises donc il m'avait emmenée dans un restaurant qu'il avait découvert avec ses amis récemment. Nous avions prévu de nous rejoindre à 18h30 pour prendre la route. Je me préparais chez lui. A 18h20, il m'appela pour me dire qu'il était en bas et qu'il me donnait cinq minutes pour descendre sinon nous ne sortirons plus. Je voyais qu'il voulait me faire passer pour étant en retard. Je n'ai pas apprécié, nous nous sommes disputés au téléphone mais je me suis dépêchée quand même pour descendre dans les cinq minutes. J'ai immédiatement regretté, j'aurais dû le rejoindre à 18h30 comme prévu, et tant pis, s'il annulait. Je me sentais tellement mal de m'être rabaissée à me comporter de la sorte. Cela ne me ressemblait pas. Arrivée dans la voiture, son visage était fermé, il était toujours énervé. J'avais juste envie d'annuler cette sortie mais j'ai misé sur le temps du trajet pour que la pression redescende de son côté. Or, elle n'est pas redescendue, même au restaurant. L'ambiance était froide. J'avais prévu de passer la nuit chez lui. Vu son comportement, en rentrant, j'ai pris mes affaires qui étaient chez lui, et je suis rentrée chez moi. Il était vexé que je sois partie.

Des situations comme celles-ci, il y en a eu beaucoup trop. Ce sont des disputes de couple, je l'admets. Mais lorsqu'elles prennent plus de place que les moments heureux, quelque chose ne tourne pas rond. J'étais malheureuse, vidée de l'intérieur. Je ne me reconnaissais plus, et je sentais que je n'étais pas à la bonne place. Je passais à côté de ma vie. Je n'étais pas en paix, au fond de moi, je savais que je le quitterai mais j'ignorais quand.

Cette année-là, j'ai appris qu'il avait couché avec Stacy alors qu'il m'avait dit n'avoir couché avec aucune fille de mon entourage. Lui, par contre, voulait tout savoir de mon passé. La confiance que j'avais en lui se détériorait. C'étaient des mensonges parmi tant d'autres, même si cela s'est produit avant notre relation, pour moi, cela restait un mensonge.

Il faisait les choses de son côté. Il a été invité à l'anniversaire d'une collègue à lui, il n'a pas proposé que je vienne avec lui, alors qu'elle-même pensait que j'allais venir. Elle était surprise de le voir seul. Dans la même lignée, il est allé au restaurant avec des amis, c'était une soirée entre hommes, m'avait-il dit. C'était important qu'il puisse se retrouver avec ses amis, d'ailleurs j'appréciais qu'il ait ses moments à lui. Mais là, il m'avait menti, j'ai appris par la suite qu'il y avait également des femmes présentes, et là j'ai eu du mal à comprendre. Normalement, j'étais toujours présente, ses amis lui ont aussi demandé pourquoi je n'étais pas là. Il me mettait à l'écart.

J'étais là pour lui, je l'ai accompagné dans son deuil mais ce n'était pas assez pour lui. Le décès de son papa m'affectait, je n'arrivais pas à travailler correctement au bureau. Pour lui, je n'étais pas affectée par le décès de son père car je n'avais jamais connu le décès d'un de mes parents. Ses propos m'ont tellement heurtée.

Un an après que nous nous soyons remis ensemble, je me rendais compte que je souffrais toujours, je pleurais chaque semaine, et j'écrivais régulièrement dans mon journal, c'était un refuge. Me replonger dans mon journal intime pour écrire ce livre a été déchirant, je repoussais ce moment. Je prenais mon journal, je le regardais, je me disais que cela allait être trop dur, je le reposais. Mais il le fallait, il ne s'agissait pas de moi, mais des femmes qui avaient besoin de mon témoignage pour avancer dans leur vie. Cela m'a coûté, mon cœur était serré. En ouvrant le carnet, et en lisant les premières lignes, je me suis rendue compte que j'avais commencé à y écrire avant la rupture et non après comme je le pensais. Je vous en partage une partie.

Mercredi 6 mai 2020 à 14h04
« Quand je vois son visage et j'entends sa voix, ça me rappelle tout le mal qu'il m'a fait. A chaque fois que je le vois, je vois la Chidera d'avant et ça ne me plaît pas. Je veux tourner la page, faire ma vie, être heureuse, ne plus souffrir, arrêter de me cacher derrière ce couple «parfait». Ces derniers temps, on n'a plus de sujets de conversation, tout tourne autour des problèmes de ta famille, on dirait des vieux. Je ne suis pas épanouie, je mérite de me marier avec un homme qui me mérite et tu ne me mérites pas. Je dis adieu à ces sept ans passés à tes côtés, j'ai besoin de me libérer de toutes ces mauvaises énergies. Bonne continuation pour la suite.
Je me suis mise en couple avec toi parce que je manquais de confiance en moi. Je n'ai pas respecté mes critères, et j'en ai souffert durant toute la relation.
C'est de ma faute, je ne te blâme pas.
Tout ce que tu as fait, tu l'as fait car je t'ai laissé le faire.
J'ai forcé la relation à plusieurs reprises, regarde où ça ma amenée
Je suis détruite »

Mercredi 3 juin 2020 à 00h35
«Aujourd'hui, je me décide à écrire car j'en ai marre de tout garder pour moi. Je n'ai personne à qui parler. Personne n'a répondu à mes appels ce soir. J'ai besoin d'une présence, d'une personne qui peut me soutenir et à qui je vais pouvoir parler. Ça fait plusieurs fois que je lui exprime mon désarroi mais il s'en fout. Après tout, je n'ai jamais été sa priorité, je suis toujours passée après les études et puis ensuite, après son travail.
Je suis épuisée !
Je vais prendre mes distances avec lui, d'ailleurs, je l'ai déjà bloqué !
Tout à l'heure, je reprends le travail au bureau après trois mois de télétravail suite à la pandémie Covid -19, j'espère que tout se passera bien, et que je pourrai passer une bonne nuit malgré toutes les larmes que j'ai déjà versées !»

Mardi 30 juin 2020 à 02h40
« Cela fait maintenant deux jours que Hervé ne me calcule plus. Il s'éloigne de moi, ne partage plus rien. J'ai l'impression d'être célibataire. Je vois que sa voiture est stationnée à différentes places donc je sais qu'il se déplace mais où ? Que fait-il de ses journées ? Je ne sais pas car il me met de côté.
J'ai l'impression que je ne serai jamais heureuse avec lui et jamais traitée à ma juste valeur.
Je sais ce que j'ai à faire: me concentrer sur moi mais c'est dur ! Très dur ! Me voilà à écrire à 3 heures du

matin alors que je devrais être en train de dormir.
Je ne me sens pas bien en ce moment, mes épaules sont lourdes et me font mal ! J'ai besoin d'un massage.
Il a eu des paroles blessantes et inacceptables à mon égard en disant que je suis une sorcière, que je suis ininvitable. Je n'arrive pas à le pardonner de tout le mal qu'il m'a fait et qu'il me fait encore. Il refuse d'appeler mon père pour s'excuser. Comment est-ce que je peux être en couple, accorder de l'importance à quelqu'un qui refuse de présenter ses excuses humblement à mon père ? Il m'a appelée samedi pour me dire qu'il réalisait le mal qu'il m'avait fait, qu'il s'excusait et qu'il avait conscience de tout ce que je lui ai apporté. Il m'a proposé d'aller boire un verre. Un verre ? Sérieux ? T'es ma pote pour me proposer ça ?! Ça m'a tellement énervé. J'ai l'impression d'avoir gâché sept ans de ma vie, sept ans ! Et je ne veux pas gâcher ma vie en restant avec lui. Est-ce que je vais trouver le courage de partir comme l'année dernière ? J'en ai marre de souffrir et d'être triste. Je pense le bloquer et essayer de le sortir de mon esprit. J'ai besoin de repos, de dormir. Je dois faire de moi la priorité dans ma vie. C'est la seule issue. »

Le jour où j'ai su qu'il fallait que je m'en aille

C'était en soirée, j'étais au téléphone avec Hervé en fin de mois de juillet, le 23 juillet 2020 précisément. Il voulait me voir pour que nous nous expliquions sur les problèmes que nous avions eus récemment. Je ne voulais pas le voir car nous étions à chaud et j'avais honnêtement peur que nous nous retrouvions seuls et que la discussion dérape. Voilà la raison pour laquelle j'ai préféré que nous ayons une conversation au téléphone, pour maintenir une certaine distance.

Pour le contexte, je lui avais craché mon venin en l'insultant de tous les noms par messages quelques jours avant, il m'avait donné raison. Et comment, bien-sur ! Il s'agissait simplement de la vérité. J'ai ressorti tout ce qui m'avait blessé pendant ces sept ans de relation : contrôle, manipulation, rabaissement, violence psychologique, et j'en passe. Je ne voulais plus lui parler.

Un matin en semaine, je me préparais pour aller au travail. Sous la douche, j'ai entendu mon interphone sonner, il devait être 8 heures du matin. La personne a tellement insisté, j'ai directement compris que c'était lui. Il a sonné en boucle comme un fou pendant quinze minutes, le son était insupportable. Entre temps, j'ai décroché mon interphone pour avoir un peu de répit afin que l'interphone sonne moins fort. Hervé ne s'est pas arrêté là, il a réussi à monter dans l'immeuble pour tambouriner ma porte et sonner à nouveau, le calvaire a duré encore quinze bonnes minutes. J'étais terrifiée en allant au travail, je craignais de le voir en bas de chez moi. Cet épisode m'a tellement traumatisée que je sursautais à chaque fois qu'on sonnait à ma porte, et cela même plusieurs mois après. J'en étais même venu à laisser mon interphone décroché pendant plusieurs semaines, la sonnerie m'angoissait.

Nous nous sommes appelés quelques jours après. Cette discussion a été virulente, j'en ai pris pour mon grade : « Je ne veux pas de quelqu'un comme toi, j'en ai plus rien à faire de toi, tu es libre, fais ce que tu veux, tu ne te remets pas en question, je ne veux pas d'une femme comme toi, va trouver un mec qui va rentrer dans tes critères, va trouver un mec qui est digne de toi ! Je pars au Cameroun pour revenir faire ma vie ici ; si je ne veux pas être le successeur, faut pas que j'aille au Cameroun. Les autorités arrêtent le successeur de force ! Je m'en fous d'avoir foutu la merde en insistant de sonner, j'en ai rien à foutre de ton mail et de ce que tu penses ! Je ne suis pas le seul homme sur Terre, je ne vais pas m'époumoner et me sacrifier pour toi. On n'est plus en couple, tu m'as supprimé et bloqué de partout. T'es un pitbull, tu veux imposer ton mode de vie, tu me manques de respect, tu ne m'écoutes jamais ». Je ne sais pas comment j'ai fait pour rester aussi longtemps à écouter tout cela, je pense que je voulais juste le laisser parler pour voir jusqu'où il irait.

Puis il m'a dit : « Je pars au Cameroun en tant que célibataire. A toi de faire tes preuves quand je reviendrai en France. Tu feras partie de ma famille que si tu t'y intéresses ». J'ai tellement éclaté de rire, ce que je venais d'entendre m'avait choquée et n'avait surtout aucun sens. Nous étions en plein préparatif de mariage, comment est-ce que mon futur mari pouvait me parler ainsi ?

Ça été le déclic mais je lui ai quand même demandé s'il était sûr de ses paroles, comme si j'avais besoin de me rassurer avant de faire le grand saut. Il m'a répété cette phrase cinq fois. Alors, je me suis dit : « Ecoute, c'est le signe que tu attendais pour partir » et je lui ai répondu : « Ok, toi et moi c'est fini ». Nous avons raccroché et je lui ai écrit un message pour bien lui faire comprendre que le mariage c'était terminé. Et que s'il allait au Cameroun en tant que célibataire, qu'il y aille et qu'il le restera à son retour en France.

Il m'a ensuite rappelé pour me dire qu'il était blessé par le fait que j'ai refusé de faire une fausse attestation d'hébergement afin qu'une de ses sœurs puisse venir s'installer en France. Il m'a de nouveau reproché de ne pas avoir voulu vider mon PEL pour le mariage en me traitant de lâche, d'égoïste, d'hypocrite, alors qu'il disait ne pas vouloir de mon argent. Je n'ai pas compris pourquoi il en a reparlé à ce moment-là, il voulait sûrement se justifier, je ne sais pas. Peu importe, ma décision était prise.

Il m'a également reproché de me cacher derrière son dos, a insisté qu'il ne me défendrait jamais devant sa famille, et ne ferait plus d'efforts pour moi. Puisque sa mère et sa grand-mère maternelle avaient dû se battre dans leur foyer pour s'intégrer dans leur belle-famille, il était normal pour lui que je vive la même chose. D'après lui, j'aurais dû m'estimer heureuse d'autant connaître sa famille et de savoir comment leur tradition fonctionne. Est-ce vraiment la vie que je voulais ? Non, je n'étais pas alignée avec leurs valeurs, j'allais être malheureuse.

Samedi 25 juillet 2020 à 04h15
« Je sais que c'est fini, ma famille le sait mais j'ai besoin de temps pour l'annoncer aux autres.
Je ne me suis jamais sentie respectée, voulue, désirée dans cette relation. J'ai toujours été repoussée, à quémander l'attention et l'amour.
Je me rends compte qu'il restait avec moi et disait m'aimer pour ce que je lui apportais : j'étais son pilier. Il n'a plus besoin de pilier maintenant, il tient debout, donc, il n'a plus besoin de moi. Je sens que j'ai été utilisée dans cette relation, j'ai été utilisée et prise pour acquise. Je n'aurais jamais dû accepter de me remettre avec lui.

C'était une relation abusive et malsaine. J'ai énormément souffert.

Il ne m'aimait pas, il n'aimait pas ma manière d'être, de penser, de faire. Il aimait juste ce que je lui apportais : argent, motivation et tout le reste.

Comment est-ce que j'ai pu me rabaisser autant et le laisser me traiter comme ça ? Je l'aimais tellement, c'est déchirant de se rendre compte que l'amour était à sens unique.

J'ai le cœur meurtri, encore plus que l'année dernière. Je pleure à chaudes larmes en écrivant tout cela car je suis vraiment blessée. J'ai le cœur qui saigne.

Seigneur, je te remercie de m'avoir sorti de cet enfer. Aide-moi à guérir s'il-te-plaît. Aide-moi à surmonter tout cela. A lui pardonner de tout le mal qu'il m'a fait. Aide-moi à ne pas être frustrée ou dégoûtée des hommes, non ! Je veux me marier, mais pas à n'importe quel prix. Je veux aimer et être aimée. Je crois en l'amour et au mariage. Aide-moi, Seigneur, à surmonter tout cela la tête haute, à apprendre de mes erreurs et avancer.

Je suis convaincue que tu as prévu l'homme qu'il me faut, l'homme de ma vie. Un homme chrétien qui te craigne, Seigneur, qui me traitera comme une reine, que je traiterai comme un roi. Un homme avec lequel le respect sera la base, un homme ambitieux, pourvoyeur, qui veille à mon confort (émotionnel, physique, financier) et à ce que je me sente bien. Un homme avec lequel je pourrai être une femme, sans avoir à jouer la femme forte. Un homme avec lequel j'aurai juste à être féminine. Un homme avec lequel tu nous donneras des enfants *biologiques en très bonne santé, qu'on élèvera selon ta Parole, Seigneur. Un homme qui n'a pas d'enfants, qui est émotionnellement et financièrement stable, qui n'est pas engagé dans une autre relation. Un homme que je rencontrerai lorsque je serai déjà heureuse seule, et j'aurai travaillé sur mon estime de moi et mes blessures. Un homme qui deviendra un fils et un frère dans ma famille et que je devienne une fille et une sœur dans la sienne. Pour que le respect, la loyauté, l'amour règne dans cette union.*

Seigneur, concernant Hervé, je prie pour qu'il n'y ait pas d'animosité entre nous. Je veux juste être en paix. Pour que la salle de réception du mariage n'exige pas le versement des 2 ou 3 autres mensualités, pour qu'il n'ait rien d'autre à payer, Seigneur, il a déjà sa famille endeuillée à gérer et soutenir au Cameroun.

Je crois en toi Seigneur Jésus, j'ai hâte de voir ce que tu me réserves. Amen ♥ »

- **L'après-rupture**

Lorsque j'ai raccroché, je me suis sentie libérée d'un poids, libre, légère, fière. J'ai enfin décidé de concrétiser cette pensée qui me tourmentait l'esprit. J'avais réussi à faire ce que je n'avais pas réussi à faire toutes ces années. C'est-à-dire, me choisir, choisir mon bonheur, ma paix, ma santé, arrêter cette relation qui me vidait de l'intérieur. Malgré la peur, j'ai enfin décidé de voir la réalité en face. C'est la meilleure décision que j'ai eu à prendre de ma vie, et je remercie Dieu pour cela.

Je sais que la suite sera difficile, pas au même point que de rester dans cette relation. Il sera difficile de rester sur ma décision, difficile de ne plus l'avoir à mes côtés car ce sont des habitudes que j'ai prises durant sept ans, difficile de renoncer à un idéal, qui n'existe pas.

Un mauvais mariage peut saccager des projets, une destinée, une vie. C'est une décision importante à faire et à ne pas prendre à la légère. Le choix de ton époux va conditionner ta vie, celle de tes enfants et de ta lignée. Souhaites-tu les condamner ou leur offrir ce qu'il y a de meilleur ?
On ne se marie pas par peur de rester seule ou parce que l'on est désespérée, non. J'ai réalisé que je n'étais pas appréciée à ma juste valeur, et je n'ai

pas accepté de la brader en me mariant avec lui, jamais.

Il a fallu prévenir la mairie, l'église, les différents prestataires du mariage et les invités, de l'annulation du mariage. Ma famille a toujours été un soutien, elle ne désire que mon bonheur, et je sais que je peux compter sur elle. Cela a été une grâce de ne pas avoir le poids de leur annoncer cette nouvelle. Ils ont tout de suite compris et m'ont consolée. Je suis tellement reconnaissante d'avoir une famille aimante, supportrice et unie, je suis bénie.
Finalement, la plus lourde tâche a été de l'annoncer à mes invités. Cela a été le choc pour eux, nous formions le couple parfait, le couple inspirant et inséparable. J'ai été confrontée à trois types de réactions.

Tout d'abord, ceux qui n'ont pas compris, et qui se sont tout de suite rangés du côté de Hervé en m'accusant de ne pas faire d'effort. Ils m'ont diabolisée, j'avais le rôle de la méchante. J'ai été touchée, blessée, d'être jugée sur ma décision alors qu'ils ne savaient rien de ce que je subissais dans mon couple ; d'autant plus qu'il s'agissait de mes invités et non des siens.

Puis, celles qui se sont montrées indifférentes. Je m'attendais à de la compassion ou qu'on prenne de mes nouvelles, mais ces filles n'ont jamais cherché à comprendre comment j'allais après la rupture de mes fiançailles. Sans doute qu'elles se sont réjouies ou que cela leur a fait du bien de me voir triste. Je ne sais pas.

Enfin, il y avait ceux qui ont pris le temps de savoir ce qui m'avait amené à prendre cette décision, qui m'ont écoutée, supportée, consolée et souhaité le meilleur pour la suite. Un entourage en or. Chacun a révélé son vrai visage et cela m'a permis de faire un tri. Cela été la purge.

J'ai également annoncé que je quittais Hervé à un de ses amis proches et témoin, Craig, lorsqu'il était venu chez moi pour faire des travaux. Il a été diplomate en essayant d'arranger les choses et me conseiller de prendre du temps à deux pour communiquer. Sauf que j'avais déjà pris ma décision et il était hors de question, pour ma sécurité, que je me retrouve seule avec Hervé.

En prenant des nouvelles d'une amie à Craig, il m'a appris qu'elle était dans une période difficile car son copain l'avait mise à la porte. Lorsque je lui ai confié que Hervé m'avait fait la même chose l'année précédente, il était outré. Je ne suis pas rentrée dans les détails, mais je me devais de lui révéler qui était vraiment son ami. Il fallait qu'il sache qu'il se comportait aussi mal avec moi.

Notre relation s'était dégradée depuis plusieurs semaines, et je ressentais le besoin de consulter une psychologue pour être entendue, écoutée et avoir un avis neutre extérieur sur la situation. Cela a été très dur de me confier, j'ai fondu en larmes au premier mot. J'étais triste, désemparée, fallait-il faire une thérapie de couple ou seule ?

Après la rupture, je l'ai consultée à nouveau. Je lui ai annoncé qu'il n'y aurait pas de thérapie de couple. Elle a été surprise par la rapidité de ma décision. J'ai fait trois séances qui m'ont beaucoup aidées, au cours desquelles j'ai pu m'exprimer sans filtre et travailler sur la culpabilité que j'avais face à cette décision, face à ce qu'il vivait à cette période, face aux avis négatifs portés sur ma personne. Je te recommande fortement de te faire accompagner par un psychologue ou thérapeute pour soigner tes blessures émotionnelles, regagner une confiance en toi, une estime de toi et travailler sur tes rapports à l'autre.

- La confrontation

Hervé ne m'avait pas prise au sérieux. Il s'était confié à ses amis en disant que nous avions eu une grosse dispute, qu'il était inquiet et pas dans son assiette car cette dispute n'était pas comme celles que nous pouvions avoir habituellement. En effet, elles n'avaient jamais pris une telle ampleur. Pour lui, nous étions toujours ensemble, j'avais tapé une crise, et j'allais revenir tôt au tard.

Pendant qu'il était au Cameroun pour les obsèques de son père, il s'adressait à moi comme si de rien n'était, d'abord pour m'informer qu'il était bien arrivé, puis prendre de mes nouvelles. Il m'a appelé à plusieurs reprises avec différents numéros. Je ne voulais plus être en contact avec lui. Il était important pour moi de tenir ferme, sinon j'allais revenir sur ma décision. C'est exactement ce qu'il s'était passé en 2019. Il m'a dit plus tard qu'il s'était senti abandonné, le comble.

Près d'un mois plus tard, je regardais une série télévisée dans mon salon, il était 2 heures du matin. Étonnement, mon interphone a sonné, j'ai sursauté. Je pensais qu'il s'agissait d'un voisin ayant oublié son badge d'accès. Mais vu l'heure, je n'ai pas voulu répondre. Coup de théâtre, cela ne s'est pas arrêté là, la personne persistait et a sonné au moins cinq fois d'affilée. L'angoisse m'a envahie, j'ai compris que c'était lui. Je n'ai pas répondu. J'étais tellement énervée qu'il se permette une telle chose. J'ai regardé mon téléphone, il y avait plusieurs appels en absence.

Ce fut le début d'un harcèlement qui a duré plusieurs semaines. Quelques jours après, pendant que je passais une soirée chez une amie, j'ai reçu un message de Hervé vers 23 heures me demandant s'il pouvait passer me voir, puis un autre message m'informant qu'il était en bas de chez moi. Je n'ai pas répondu. Je suis rentrée plus tard, et heureusement qu'il n'était plus là à mon retour.

J'étais traumatisée, pendant plusieurs jours, je guettais de loin l'entrée de mon immeuble en y rentrant et en y sortant pour essayer de voir s'il m'attendait mais ce n'était pas évident compte tenu de la configuration de mon immeuble.

La fois de trop a été un matin en allant au travail. Il m'avait appelé une dizaine de fois, mon téléphone étant en silencieux, j'ai su cela bien après. En ouvrant la porte de mon immeuble pour sortir, il était là. Je ne l'avais jamais vu comme cela, il avait les yeux rouges, pleins de rage. Il m'a suivie jusqu'à ma voiture en insistant pour que nous parlions, je suis restée calme en lui proposant de se parler après, je ne voulais pas le braquer. Je n'avais pas le temps, une réunion était prévue dans la matinée donc il était hors de question d'arriver en retard, surtout pour cela.

Il a commencé à me faire culpabiliser car il était en deuil, à rejeter la faute sur moi et à m'accuser d'avoir annulé le mariage derrière son dos. Il avait appelé la mairie pour un renseignement concernant le visa de sa maman qui devait venir au mariage, et c'est comme cela, d'après lui, qu'il a appris que j'avais annulé le mariage. Pourtant, je lui avais dit que c'était fini entre nous, et que le mariage était annulé. Soit il était dans le déni, soit il ne m'avait pas prise au sérieux. Quoi qu'il en soit, la situation était claire, nous n'étions plus ensemble. Il était agressif, dans son regard, ses gestes, ses paroles, sa démarche. J'étais traumatisée. C'était la première fois que nous nous voyions depuis la séparation. Je me sentais en danger.

Compte tenu de tout ce qu'il s'était passé, je me suis rendue au commissariat le jour même, pendant ma pause déjeuner afin de porter plainte pour harcèlement. Je ne savais pas de quoi il était capable, il n'était pas dans son état normal. Il fallait que je me protège. C'était la première fois que je rentrais dans un commissariat. Je lui en voulais tellement car c'était son comportement qui m'avait amenée là. Je suis une jeune femme sans histoire, moi qui n'avais jamais eu à aller au commissariat ou faire appel à la police, j'étais en colère. La policière m'a reçue, j'ai éclaté en sanglots dès qu'elle m'a interrogée sur l'objet de ma visite. Cela a été douloureux, j'avais peur, j'avais honte. Elle a été à l'écoute et m'a signalé que j'aurai dû les appeler dès le premier cas de harcèlement lorsqu'il avait sonné avec insistance chez moi. Je n'y avais même pas pensé. Le motif harcèlement n'a pas été retenu faute de preuves, je ne disposais que du journal d'appel avec les différents numéros qu'il avait utilisés pour m'appeler. Ma plainte a été requalifiée en « appels malveillants ». Mais au moins, j'avais agi et il y avait une trace de ses agissements. Par la suite, je lui ai envoyé un message pour l'avertir que s'il continuait à me harceler, j'allais appeler la police.

Je ne me sentais pas en sécurité donc je suis retournée vivre avec mes parents pour deux semaines. J'étais affligée d'en être arrivée à ce stade, à devoir porter plainte contre lui. Jamais je n'aurai pensé avoir à faire cela un jour mais ma sécurité primait.

- La closure[2]

Quelques semaines plus tard, nous étions à deux mois post-rupture, les tensions s'étant apaisées, je l'ai contacté afin de nous voir pour discuter. J'avais besoin d'explications pour tourner la page. Il était important pour moi de se quitter en bons termes. La séparation a été déchirante, chaotique et brutale.

---

[2] "closure" mot anglais signifiant dans ce contexte : comprendre et accepter la fin de la relation et être en paix vis-à-vis de cela.

Après sept ans de relation, j'espérais une séparation plus respectueuse. Il a accepté de me voir, puis s'est rétracté vingt minutes avant l'heure du rendez-vous. Je lui ai répondu que sa réaction était prévisible, cela a touché son ego et nous nous sommes finalement vus chez moi.

Nous avons pris le temps de discuter toute la soirée. La discussion a été bénéfique, chacun a dit ce qu'il avait sur le cœur. J'ai pu exprimer mes déceptions, mes frustrations, ce que j'attendais de lui. Il s'est confié à moi également sur la manière dont il voyait la relation, ce qu'il ressentait. Tout s'est fait dans le respect, ce moment nous a fait du bien. Je lui ai demandé s'il était heureux en couple avec moi, c'était le cas pour lui contrairement à moi. De son prisme, tout a basculé quand j'ai commencé à travailler, peut-être que je lui mettais plus la pression, et il se sentait inférieur par rapport à mon comportement et mon train de vie. Ses meilleures années avec moi étaient notre relation à distance. Je partage son avis. Il m'a confié que venir me voir à Toulouse le sortait de son train-train quotidien, ces moments lui mettaient du baume au cœur face à la vie difficile qu'il menait. Il m'a avoué n'avoir pas profité de sa vie car il galérait avec l'alternance et ses charges. Si cela était à refaire, il aurait arrêté les études et trouvé un travail avec un salaire qui lui permettrait de vivre et non survivre. En effet, il jonglait entre ses études, son contrat de travail en alternance et parfois des petits boulots pour boucler ses fins de mois. Il m'a énormément touché. Il a reconnu avoir emmagasiné tellement de colère qu'il déversait tout sur moi. Il a réalisé qu'il m'avait fait souffrir pendant toutes ces années, il regrettait. Maintenant que nous n'étions plus ensemble, il voulait changer de vie, je l'ai compris. J'ai eu un pincement au cœur quand il m'a appris qu'il aspirait refaire sa vie à l'étranger.

Il aurait voulu que nous nous remettions ensemble mais je lui ai exposé les raisons pour lesquelles je ne pouvais pas être de nouveau en couple avec lui. Nous étions incompatibles et la relation n'était pas saine.
En abordant le sujet des violences conjugales, il m'a raconté l'histoire d'un homme qu'il connaissait, un homme qui battait sa femme. Pour Hervé, le fait qu'il la battait ne signifiait pas qu'il ne l'aimait pas. Son avis sur ce sujet m'a frappé mais j'ai fait semblant de comprendre son point de vue. Nous n'étions que tous les deux dans l'appartement, je ne voulais pas le froisser. Cela m'a conforté dans ma décision. Je suis persuadée qu'en étant restée avec lui, il aurait fini par me battre, c'était la prochaine étape. Cette pensée me traversait l'esprit de temps en temps pendant que nous étions encore ensemble. Je réalise que je n'ai pas eu ces pensées pour rien.

Nous nous sommes rapprochés physiquement sans pour autant s'embrasser. Il voulait dormir avec moi, je lui ai fait comprendre que cela n'allait pas être possible.

Hervé considérait que je l'avais dégagé de ma vie et abandonné par rapport au deuil de son papa. Pour lui, il n'allait pas au Cameroun pour devenir chef mais pour enterrer son père. Finalement, sur ce sujet, je ne saurai jamais la vérité. Lorsque nous étions ensemble je l'ai soutenu, nous priions ensemble, j'étais son épaule, il se confiait à moi, je le soutenais plus que certains membres de sa famille. Je lui ai rappelé les paroles qu'il m'avait balancées par téléphone le soir de notre rupture, il a accordé être allé trop loin et être blessé par les messages que je lui avais envoyés. Je ne regrette aucun message.

Il m'a souhaité le meilleur en disant que j'étais une bonne personne et s'est positionné en défenseur face au prochain partenaire : « Il faut qu'il fasse attention car je suis là ». Cela m'a fait doucement rire parce que lui-même ne me respectait pas.

Le lendemain, il est venu chercher ses affaires chez moi pendant la pause déjeuner. Il était très tactile et voulait savoir si je parlais à d'autres hommes, il m'a taquiné en me disant que j'avais sûrement dû faire des rencontres sur les réseaux sociaux. Il voulait que je fasse attention, car les hommes n'abordent pas les femmes pour rien, et que je ne baisse pas mes standards. Il a ajouté : « Si quelqu'un ose te faire du mal, je serai là. Continue tes business, surtout ne t'arrête pas ». Pour lui, j'étais clairement encore à lui. Il en a profité pour m'annoncer qu'il avait reçu la convocation du commissariat suite à la plainte que j'avais déposée contre lui. Il a accusé le coup et trouvé triste que nous en soyons arrivés jusque-là, tout comme moi. Il m'a souhaité de trouver un homme correspondant à mes critères, chrétien, qui craint Dieu. Il savait pertinemment qu'il ne l'était pas et que nous n'étions pas faits pour être ensemble. Lorsque je lui ai certifié que notre relation était un lien d'âme, il a rigolé en affirmant : « Tu n'avais pas compris ? Tu ne le réalises que maintenant ? ». Il m'a décontenancée. Puis il a ajouté : « On est toujours en couple, tu es ma personne », j'ai réfuté ses paroles.

Le jour suivant, il m'a envoyé un message pour prendre de mes nouvelles mais je sentais qu'il voulait que nous nous remettions ensemble, il était déterminé. Je n'ai pas voulu entretenir cette relation et lui donner de faux espoirs. Je lui ai donc envoyé un message d'adieu, en présentant mes excuses si jamais je l'avais blessé et en lui souhaitant le meilleur pour l'avenir.

« Salut Hervé,
J'espère que tu vas bien. Je souhaite te partager ce message.
Tu seras heureux sans moi et je serai heureuse sans toi. Que Dieu nous rapproche de la personne qu'il a prévue pour chacun de nous, cette rupture est la meilleure chose qui nous arrive. Tu ne le réalise peut-être pas encore mais cela nous permet d'accueillir les bénédictions qui nous attendent.
Je te souhaite le meilleur dans tous les aspects de ta vie : spirituel, émotionnel, économique, social et physique.
Je te demande pardon sincèrement pour tout le mal que je t'ai fait, et je te pardonne sincèrement pour tout le mal que tu m'as fait.
Que Dieu te bénisse abondamment
Chidera »

Il m'a répondu en m'insultant d'hypocrite, en ajoutant que je faisais cela pour me détacher de lui et qu'il m'en voudrait à jamais. J'ai refusé cette parole dans mon cœur, et j'ai prié contre cela. D'après lui, si je voulais vraiment son bonheur, j'aurais dû retirer ma plainte. Je sais très bien pourquoi j'ai porté plainte et c'était légitime. Je devais me protéger, il fallait une trace de ses agissements. Je me serais manqué de respect en retirant ma plainte. J'ai une dignité, et il était hors de question de nier ce harcèlement. Ce qu'il s'est passé est grave. Ne retire jamais ta plainte, rappelle-toi les raisons qui t'ont poussées à le faire, ce que tu as ressenti en la déposant et en sortant du commissariat. En sortant, je me sentais soulagée et protégée tout simplement. Je ne retirerai jamais ma plainte ! J'ai préféré ne pas répondre à ses messages, j'en suis restée là.

Je suis consciente d'avoir pris un risque en le voyant à nouveau après la rupture mais j'ai écouté mon intuition, c'était nécessaire et je savais, au fond de moi, qu'il ne se passerait rien, les tensions étaient redescendues.

CHAPITRE V
Solitude et introspection

« Ne crains rien, car je suis avec toi ; Ne promène pas des regards inquiets, car je suis ton Dieu ; Je te fortifie, je viens à ton secours, Je te soutiens de ma droite triomphante. » Esaïe 41 :10

Il était bien vu dans notre entourage, je passais pour la méchante du couple, il ne pouvait s'empêcher de me rabaisser devant sa famille, ses amis. C'était, par exemple, me dire que sa cousine de quatre ans réfléchissait mieux que moi ou encore laisser sa tante dire que j'étais instable et que j'avais des problèmes comportementaux, sans la reprendre. Tout le monde le voyait comme le mec parfait, propre sur lui, guindé. Les gens disaient que j'avais de la chance de l'avoir, tu parles, [rires]. Mais j'ai ma part de responsabilité car je n'ai jamais témoigné ou parlé de ses agissements vis-à-vis de moi. Je voulais me persuader que tout allait s'arranger en interne en évitant de gâter l'image du couple, alors qu'en réalité, ce n'est pas le plus important…

Je pense sincèrement qu'il avait plus de chance de m'avoir. Ce n'est pas pour rien que son père, paix à son âme, lui as dit : « Chidera, c'est une femme bien, depuis que tu es avec elle tout roule dans ta vie ».

Cet homme-là, je l'ai sorti de la misère, il me sollicitait financièrement, et il m'était impossible de fermer les yeux sur sa situation, je me comportais comme si nous étions mariés. J'avais l'impression de servir uniquement pour le plaisir et l'argent. Je pleure en écrivant cette phrase, car c'est vraiment mon plus gros regret.

Je me suis retrouvée en grande solitude, face à moi-même, face à cette décision que j'avais prise. Mes repères étaient chamboulés. J'ai réappris à faire les choses par moi-même et je me suis redécouverte par la suite. Mon ex-fiancé était la personne avec laquelle j'avais le plus de contact.

Cela pourrait paraître bizarre à lire, mais il était tellement présent dans ma vie que le fait de refaire mes courses seules, de les monter pour la première fois depuis plusieurs années n'a pas été facile mentalement. Il avait aussi pris l'habitude de laver ma voiture. J'avais tellement perdu confiance en moi et en mes capacités que ces activités anodines étaient devenues des épreuves. J'appréhendais ces moments. Il avait un avis sur tout et critiquait ma manière de faire, de réagir et de gérer certaines situations. J'en étais venue à lui demander son avis pour tout et n'importe quoi juste pour avoir sa validation. J'avais perdu ma capacité à prendre des décisions pour moi-même. On a tous ce libre arbitre et la capacité de prendre les meilleures décisions pour soi mais je pensais toujours que son avis était meilleur que le mien. Je ne me reconnaissais plus, moi qui suis une personne très organisée, je l'étais moins ou du moins il me faisait croire que je ne l'étais pas.

Pendant cette période, j'ai appris à sortir seule. Le week-end suivant la rupture, je suis allée voir un panel d'humoristes en plein cœur de Paris en soirée. J'étais fière d'avoir pu faire ce pas, j'ai passé une bonne soirée, j'ai ris, je me suis changée les idées, j'étais à l'aise.

Nos vacances d'été en couple étant annulées, j'ai quand même tenue à partir en Grèce. Je ne pouvais pas laisser cette rupture m'empêcher d'aller en vacances, même seule. Ce fut une expérience enrichissante, d'autant plus que j'ai adoré ces vacances. Je me sentais libre, je planifiais mes journées à ma guise, je me suis fait plaisir, je me suis dépassée et j'ai fait de belles rencontres. Ces vacances m'ont vraiment fait du bien. J'avais besoin de me retrouver, changer d'environnement et me reconnecter à moi-même. Ces vacances m'ont permis de reprendre confiance en moi, petit à petit. Je pense que je suis rentrée dans une nouvelle dimension à ce moment-là. Le cadre était propice pour faire mon introspection.

Cela a été la période où j'ai repris l'écriture, tant pour me décharger que pour me poser les bonnes questions, passer en revue ces sept années de relation, essayer de comprendre ce qu'il s'est passé et surtout les raisons ayant amené à cette rupture. Cela a été douloureux, j'ai beaucoup pleuré. Se remémorer les souvenirs et ressentir les émotions qui vont avec ont été inconfortables mais écrire m'a été d'une grande aide. J'ai mis du temps à me lancer dans l'écriture bien que j'en connaisse les bienfaits, j'étais piégée par ce blocage, je ne voulais pas être vulnérable en couchant sur le papier mes craintes, doutes, douleurs et insécurités. Un jour je me suis dit que j'étais sûrement en train de passer à côté de quelque chose qui serait bénéfique pour moi. Je voulais avoir un carnet dédié à mes réflexions, que j'utiliserai uniquement comme défouloir afin de me vider l'esprit de mauvaises pensées et arrêter de les ruminer. J'ai donc acheté un beau cahier et un stylo chic que j'apprécie spécialement dédiés à cela. Lorsque je ressens le besoin de me confier, c'est avec grand plaisir et facilité que j'écris dans ce joli carnet. Cette crainte d'être vulnérable qui m'empêchait d'écrire et donc d'avancer, a fini par me quitter. Mon esprit était plus clair, plus libre et mes nuits, beaucoup plus réparatrices.

L'écriture a été un support de remise en question. J'idéalisais trop le mariage et le statut de femme mariée. C'était devenu ma priorité numéro un alors que Dieu a prévu bien plus pour moi. Je n'ai pas été créée uniquement pour être l'épouse d'un homme. Cela aurait été suicidaire de me marier avec cet homme.

Je me suis rendue compte que je restais en couple pour de mauvaises raisons. Je manquais de confiance en moi et j'avais peur d'être seule. Une fois, en me confiant à une amie, célibataire, je me suis exprimée de manière déplacée mais je ne m'en étais pas rendue compte tellement la peur d'être seule était présente. Je lui ai dit : « Heureusement que je suis en couple car quand je vois les hommes qu'il y a dehors ça ne rassure pas ». J'étais convaincue qu'il n'y avait pas d'hommes bien. Avec le recul, il n'était pas un homme bien, il m'aimait peut-être, mais ne me respectait pas. J'avais cette mentalité de manque qu'aujourd'hui je n'ai plus. Ce n'est plus ma réalité, il y a des hommes bien dans ce monde, et pas qu'un peu. C'étaient les montagnes russes, pour me maintenir dans le « ça ira mieux », « il faut se battre pour son couple ». Oui, mais pas au point de se rendre malade et de s'oublier, je n'étais plus la Chidera d'avant, j'avais changé, je ne me reconnaissais plus.

J'accordais trop d'importance au regard des gens, je voulais avoir l'image du couple parfait, j'aimais cela. Pourtant, je n'étais pas épanouie et quitter cette relation était synonyme d'échec. Je ne pouvais pas échouer, j'avais un rapport à l'échec particulier. Je réussissais dans tous les domaines dans ma vie et je ne voulais pas reconnaître que mon couple ne fonctionnait pas même si j'avais fait tout mon possible. Je ne voulais pas qu'une autre femme récolte les fruits de l'arbre que j'avais cultivé avec toutes les souffrances et galères endurées. Je l'ai motivé pour ses études, son travail, son appartement, le fait d'être aux petits soins. Je pensais que c'était cela se battre pour son couple, je pensais que c'était cela les épreuves. La réalité est que l'amour était présent mais nous n'étions pas compatibles. Et qu'une fois les sentiments installés, il était dur de faire marche arrière même en voyant les signaux d'alarme. Inconsciemment, je souhaitais sans doute aussi rattraper l'erreur du passé, la première fois que nous sommes sortis ensemble et qu'il m'a quittée, qui sait ?

C'était très difficile de reconnaître et de comprendre cela. L'introspection nous met face à notre part sombre, nos faiblesses, nos défauts. Les voir de front est insupportable mais nécessaire pour mieux se connaître, se comprendre, savoir quel type de relation et de partenaire nous convient.

Je me suis beaucoup confié à ma mère et à des amies que je considère comme mes sœurs, elles se reconnaîtront. J'avais besoin de voir que j'étais capable de prendre du recul et d'être pragmatique sur la situation. En parler était également une manière de faire mon mea-culpa, d'être franche avec moi-même et mon entourage. Tout simplement être moi-même, sans masque. J'ai la grâce d'avoir un entourage de qualité, aimant, à l'écoute, sincère et de bons conseils. Mes relations se sont approfondies car je n'étais plus la Chidera qui voulait se montrer parfaite, mais la Chidera vulnérable, touchante et transparente. Je n'avais plus peur d'être jugée et d'être dévalorisée.

Je me suis reconnectée à Dieu en lisant ma Bible quotidiennement. Ce livre sacré qui était caché dans ma bibliothèque et que je ne voyais même plus. J'ai recommencé à la lire en suivant des plans de lecture par rapport aux émotions que je ressentais : tristesse, anxiété, espoir ou encore guérison de l'âme. J'ai réellement vu que Dieu a une réponse pour chaque situation de notre vie, pour chaque état émotionnel qui nous traverse, et cela est juste merveilleux. En communiquant avec Dieu par sa Parole, je me sentais rassurée, je savais que j'étais sur le bon chemin, celui de l'obéissance et que les circonstances allaient s'améliorer pour le meilleur.

Comme il est écrit en Jérémie 29 :11 :
« *Oui, moi, le Seigneur, je connais les projets que je forme pour vous. Je le déclare : ce ne sont pas des projets de malheur mais des projets de bonheur. Je veux vous donner un avenir plein d'espérance* ».

Cette période d'introspection a été l'occasion de renouer avec ma féminité. Je suis une femme coquette et qui prend soin d'elle, mais la féminité est toute autre; c'est une essence qui vient de l'intérieur et qui régit le comportement et la manière de gérer certaines situations. Je me suis beaucoup informée sur le sujet et j'ai compris que j'avais tout à gagner en embrassant ma nature féminine, surtout au niveau des relations amoureuses. L'homme étant par nature, masculin, un couple avec deux pôles à dominance masculine ne fonctionnera pas, il ne peut y avoir deux lions.

Quoi de plus agréable pour l'homme que de partager sa vie avec une femme respectueuse, douce, élégante, qui comprend les challenges de son mari et qui sait tenir un foyer. Quoi de plus agréable pour une femme que de partager sa vie avec un homme aimant, protecteur, qui pourvoit son foyer, qui met à l'aise sa femme et qui mène la barque.

J'ai compris que je ne peux pas vouloir un mari entreprenant, influant si je ne lui laisse pas l'espace de devenir un tel homme. Car en ayant constamment besoin qu'il me rassure, qu'il m'appelle, qu'il réponde à mes messages, je l'empêche d'avoir l'esprit libre lorsqu'il est en train de travailler ou d'accomplir sa destinée. La femme doit pouvoir remplir sa vie également afin de ne pas ressentir ce manque et être dépendante affective.

Analyse d'une relation amoureuse

Voici les questions que je me suis posées en fin de relation afin de mieux comprendre ses dynamiques et les raisons pour lesquelles cela n'a pas fonctionné. Je t'invite à prendre une feuille et à faire cet exercice. Prend ton temps, le plus important n'est pas d'y répondre rapidement mais d'être sincère dans sa réflexion et sa réponse et surtout de prendre ses responsabilités. Il y a deux personnes dans une relation, chacun a sa part de responsabilité. Crie, pleure, accueille tes émotions quelles qu'elles soient, tu as besoin de t'exprimer, d'extérioriser ce que tu ressens. Cet exercice est inconfortable à réaliser car il demande de faire face à nos faiblesses et d'assumer ce qu'on a fait. Mais tu verras, cela va te permettre d'apprendre de tes erreurs et d'être alerte pour tes prochaines relations.

1. Pourquoi sommes-nous sortis ensemble ?

....
....
....
....
....
....
....
....
....
....
....
....

2. Comment se passait la relation ?

....
....
....
....
....
....
....
....
....
....
....

3. Comment me comportais-je dans la relation ?

…………………………………………………………………………
…………………………………………………………………………
…………………………………………………………………………
…………………………………………………………………………
…………………………………………………………………………
…………………………………………………………………………
…………………………………………………………………………
…………………………………………………………………………
…………………………………………………………………………
…………………………………………………………………………
…………………………………………………………………………

4. Pourquoi ai-je accepté certaines choses, baissé mes standards ?

…………………………………………………………………………
…………………………………………………………………………
…………………………………………………………………………
…………………………………………………………………………
…………………………………………………………………………
…………………………………………………………………………
…………………………………………………………………………
…………………………………………………………………………
…………………………………………………………………………
…………………………………………………………………………

5. Pourquoi est-ce que je n'ai pas fait attention aux signaux d'alarme ?

....
....
....
....
....
....
....
....
....
....
....

6. Qu'est-ce que j'aimais dans la relation ?

....
....
....
....
....
....
....
....
....
....
....

7. Qu'est-ce que je n'aimais pas dans la relation ?

....
....
....
....
....
....
....
....
....
....

8. Quels étaient mes plans avec lui pour le futur ?

....
....
....
....
....
....
....
....
....
....

9. Allions-nous dans cette direction ? Si non, pourquoi ?

....
....
....
....
....
....
....
....
....
....

10. Pourquoi suis-je restée tout ce temps avec lui ?

....
....
....
....
....
....
....
....
....
....

11. Pourquoi avons-nous rompu ?

....
....
....
....
....
....
....
....
....
....
....

12. Comment me suis-je sentie après cette rupture ?

....
....
....
....
....
....
....
....
....
....
....

13. Comment s'est passé l'après-relation ?

....
....
....
....
....
....
....
....
....
....
....

14. Pourquoi me suis-je remise avec lui ?

....
....
....
....
....
....
....
....
....
....
....
....

A chaque fois que tu auras envie de te remettre avec lui, repense à la raison pour laquelle tu l'as quitté et si cette raison est toujours d'actualité. Focalise-toi sur la manière dont il te traitait dans les moments sombres. Dans une relation malsaine, sache que le manipulateur te fait vivre des moments heureux uniquement pour brouiller ton esprit, créer de l'espoir et te contrôler pour que tu restes. Une personne qui te respecte et qui t'aime ne tiendra jamais certains propos et n'aura jamais certains comportements même sous l'énervement. Il n'y a aucune excuse à la violence psychologique et physique. Tu n'es pas la cause de son comportement, il faut absolument que tu puisses réécrire toutes les paroles culpabilisantes pour changer la donne.

Les séquelles des mots restent longtemps et résonnent dans notre intérieur. J'ai eu à batailler pour refuser et annuler dans mon esprit toutes les paroles qui résonnaient dans ma tête et qu'il me disait constamment. J'ai dû les refuser et les remplacer par d'autres phrases, des phrases que je me répétais quotidiennement. Tout n'était qu'un amas de mensonges, ses paroles avaient pour but de me rabaisser car il avait besoin de cela pour se sentir bien et important. Ecrire ses accomplissements aide également à rétablir son histoire et à se définir tel que l'on est et pas tel que l'autre voudrait nous voir.

CHAPITRE VI
Mes challenges

« *Car vous avez besoin de persévérance, afin qu'après avoir accompli la volonté de Dieu, vous obteniez ce qui vous est promis* ». Hébreux 10 :36

- **Les finances**

Dans cette relation, mon rapport aux finances a complètement changé et dans la mauvaise direction.
Avant, j'étais une personne qui économisait énormément, je pouvais économiser plus de la moitié de mes revenus et m'y tenir. J'arrivais à me fixer certains objectifs en termes de finances et les atteindre. Mes dépenses n'étaient pas superflues, je ne consommais pas à crédit, je ne faisais pas de paiement en plusieurs fois. J'étais plutôt du genre à économiser pour acheter en une seule fois. Ma situation financière était saine et stable.

Le concernant, c'était tout le contraire, il était tous les mois à découvert, il dépensait dans des futilités au lieu de mettre un système en place lui permettant de mieux gérer son argent. Il est arrivé à plusieurs reprises que je doive le dépanner pour payer son loyer, je n'aurais jamais dû accepter cela d'autant que cela est arrivé trop de fois selon moi.

Il sortait avec moi clairement par intérêt mais aveuglée par l'amour et de par ma nature généreuse, je n'ai pas fait preuve de discernement à ce sujet. Cela a d'ailleurs failli me porter préjudice auprès de ma banque pour un projet car les virements vers son compte étaient réguliers ; et donc, pouvaient s'apparenter à une dette. Lorsque j'ai compris cela, j'ai complètement arrêté ces bêtises. Il aurait pu demander à sa famille ou ses amis proches mais il avait honte de s'abaisser à ce niveau à leurs yeux donc c'est avec moi qu'il se permettait ce genre de choses. Il voulait garder la face. Son système de pensées lié à l'argent était complètement erroné, il préférait se mettre à découvert et commander régulièrement à manger qu'aller faire les courses au supermarché. Ce que je lui ai conseillé à plusieurs reprises mais cela rentrait dans l'oreille d'un sourd. Ceci n'est qu'un exemple parmi tant d'autres.

Ses habitudes ont déteint sur moi et j'ai commencé moi aussi à consommer différemment. Quand on est sous l'influence de quelqu'un, malheureusement, notre manière de fonctionner peut changer et cela a été mon cas. Pendant la relation, c'est comme si un transfert s'était effectué. Petit à petit, je commençais à perdre le contrôle de mes finances, moins économiser, commander des plats en livraison, rogner sur mon autorisation de découvert sans culpabiliser alors qu'avant il m'était impossible d'être à découvert, je n'étais jamais à découvert car j'avais demandé à mon banquier de supprimer mon autorisation de découvert.

Cette relation a eu un impact négatif sur la gestion de mes finances et j'ai dû, après la rupture, me reconnecter à la Chidera d'avant, celle qui gérait ses finances comme un chef d'orchestre. J'ai dû me défaire de toutes ces mauvaises habitudes, cela a été un travail de longue haleine.

Lui étant comptable, et moi ayant plusieurs activités professionnelles, je lui avais demandé s'il était possible pour lui de me faciliter dans mes déclarations d'impôts. Il les a ainsi faites durant deux ans, je lui faisais entièrement confiance car c'était son domaine. Quelle fut ma surprise lorsque j'ai reçu un courrier de l'administration fiscale me demandant de justifier certains montants déclarés sur les deux années précédentes ! J'étais alors séparée de lui, depuis environ six mois. Tous les soirs pendant cinq jours, je vérifiais mes documents et essayais des combinaisons de calculs pour tenter de justifier ces montants. Impossible ! Pour certaines données, il n'y avait pas d'issue.

J'ai alors décidé de le contacter dans un premier temps par mail en lui exposant les faits avec une copie du courrier que j'avais reçu de l'administration fiscale. Pas de réponse. J'ai relancé plusieurs fois par mail, téléphone et message. Toujours pas de réponse. Je précise que dans mes communications, je ne l'accusais pas, je ne lui en voulais pas car cela arrive de faire des erreurs. Il n'y avait aucune animosité ni rancœur dans ma manière de communiquer. Je n'ai jamais eu de retours et j'ai dû me débrouiller seule ! J'ai été déçue de son comportement, la lâcheté à l'état pur ! J'aurais pensé qu'il prenne ses responsabilités.

J'ai donc fait un courrier à l'administration fiscale leur expliquant que cela allait prendre du temps car j'allais devoir faire appel à un cabinet d'expertise comptable. En exposant ma situation au cabinet, l'experte comptable a été profondément peinée et choquée, c'était perceptible dans son regard et son timbre de voix. Et comment, les erreurs étaient catastrophiques ! Elle s'est demandé comment était-il possible de faire de telles erreurs, elle était embarrassée pour moi.

Cette affaire m'a coûté près de dix mille euros, c'était financièrement brutal mais j'ai surmonté cela par la grâce de Dieu. Et dire que je l'admirais pour ses compétences, quelle blague ! Je l'avais même conseillé à des amies auto-entrepreneurs, quelle erreur ! Moi qui suis prudente, jamais je n'aurais pensé qu'une telle situation m'arriverait. Étant mon copain depuis plusieurs années, je pensais que nous formions une équipe et je lui faisais totalement confiance.

Le pire dans tout cette histoire ? Il a tenu à ce que je le paie pour faire ces déclarations. J'ai trouvé cela déplacé mais je l'ai payé. Nous nous sommes tellement disputés à ce sujet qu'il m'a finalement remboursé mais par principe il n'aurait jamais dû attendre de moi que je le paie. Je lui ai rendu service tellement de fois sans rien attendre en retour. En lui rappelant cela, il a réalisé qu'effectivement ce n'était pas correct. Il a donc exigé de l'argent pour des déclarations d'impôts qu'il n'a même pas su faire correctement, quel culot !

Il ne faut jamais mettre quelqu'un sur un piédestal, et lui accorder plus de mérite qu'il n'en faut. Donne de l'importance à un pigeon et il se prendra pour un aigle, dit-on. C'est pour cela qu'il est primordial d'avoir confiance en soi et d'être convaincue de ses capacités et de croire en elles. Avec le recul, j'aurais pu faire mes propres déclarations d'impôts et n'avoir aucun souci avec l'administration fiscale. C'est ce que je fais maintenant bien que pour certaines activités, je laisse mon expert-comptable gérer.

C'est pour cette raison qu'il est important de sonder le rapport à l'argent de la personne avec laquelle on va s'unir par les liens du mariage afin de voir si les deux personnes sont compatibles financièrement. Par analogie, lorsque deux personnes se serrent la main, si l'un a la main sale et l'autre la main propre, la main sale souillera la main propre. La main propre ne lave jamais la main sale, c'est véridique.

- **L'abstinence**

J'ai toujours eu à cœur de rester vierge jusqu'au mariage, malheureusement, cela ne s'est pas produit. Mais je n'ai jamais été complètement à l'aise avec les rapports intimes hors mariage. Je savais que quelque chose n'allait pas, j'étais dans le péché, tiraillée, et c'était dur à gérer.

J'avais fait part de ce sentiment à Hervé mais il ne comprenait pas. Pour lui, je n'étais plus vierge donc à quoi bon vouloir me rattraper en choisissant l'abstinence. Je n'aurais pas dû me compromettre mais prendre la décision de le quitter. A ce moment, j'avais clairement choisi le péché et cet homme à Dieu et je ne mesurais pas à quels dangers je m'exposais.

Dieu merci, je n'ai pas eu d'enfants de lui ni attrapé de maladies mais je me suis soumise à ses désirs et donc fais énormément de mal à mon corps et mon âme. Plusieurs fois j'ai eu des rapports non consentis, seulement pour lui faire plaisir mais j'étais vide. Cela a affecté mon amour-propre, mon estime de moi et ma confiance en moi.

Lorsque votre partenaire passe la nuit chez vous et s'empresse de quitter les lieux tôt le matin car vous n'avez pas envie de refaire l'amour, cela blesse énormément. Cela blesse de comprendre que votre partenaire n'en a rien à faire de passer du temps avec vous, il veut juste du plaisir. Je ne représentais donc que cela à ses yeux. C'est violent, et cela détruit, ce ne sont pas des coups visibles mais le rapport à soi est affecté.

Les rapports hors-mariage sont aussi la porte ouverte aux liens d'âme négatifs, malsains. Les liens d'âmes sont des liens invisibles qui lient deux personnes dans le monde spirituel. Pour schématiser, ces liens peuvent être représentés par des chaînes métalliques, attachant une personne à une autre.

J'ai réalisé que nous avions un lien d'âme malsain à la rupture. Notre relation était malsaine car basée sur l'âme non sur l'Esprit de Dieu; et donc, propice aux abus en tout genre : harcèlement, intimidation, chantage, violence psychologique, humiliations, rabaissement et j'en passe. Autant de choses qui ne sont pas visibles mais qui peuvent être dévoilées uniquement si on ose en parler.

J'ai gardé tout cela pour moi pendant toutes ces années par honte et surtout car il n'y avait rien qui pouvait justifier que je me retrouve dans une relation abusive. J'ai grandi dans une famille saine et stable, avec des parents qui s'aiment. Mon problème est que je ne voulais pas voir cette relation comme un échec alors j'ai persisté pour trouver des solutions et aller de l'avant. Sauf qu'il faut reconnaître que lorsqu'un vase est tombé par terre tellement de fois, il n'y a plus de morceaux à recoller, juste de la poudre à jeter à la poubelle.

J'ai maintenant compris à quoi je m'expose en ayant des rapports intimes hors mariage. Avant, c'était un souhait de rester vierge hors mariage. Maintenant c'est un choix, une conviction. Et je sais qu'un homme qui m'aime réellement fera le nécessaire pour me garder. Un homme de Dieu préservera la femme qu'il souhaite épouser. Pour ma part, si l'homme n'est pas prêt à se marier et à attendre le mariage avant d'atteindre cette intimité, je sais qu'il n'est pas fait pour moi, et je n'ai aucun mal à laisser partir ce genre d'hommes. Je choisis Dieu avant toute chose ! Et je souhaite que mon futur mari choisisse Dieu avant toute chose également ! C'est ce qu'il fera.

Je me sens à présent à l'aise et en paix avec moi-même car je suis en accord avec mes convictions et ma foi. Ne laisse jamais personne te prendre ta paix intérieure, ces personnes sont juste égoïstes et ne veulent pas ton bien.

- **Briser les liens d'âmes**

Je suis une personne assez radicale. Après une relation, je suis du genre à sortir la personne de ma vie sur tous les plans, c'est-à-dire couper tout contact, supprimer les éléments de contact, supprimer les photos, vidéos, les mails, les messages et me séparer des cadeaux également. J'évite de garder les choses pouvant me rappeler cette personne dans mon quotidien. Les souvenirs sont suffisants, d'ailleurs ils ont tendance à s'estomper au fur et à mesure du temps donc c'est génial pour les souvenirs douloureux. Le plus difficile a été de supprimer les mails de déclaration d'amour qu'il m'avait écrits en 2019.

Avant la rupture, j'avais tenu également à faire la même chose de son côté dans la mesure du possible, en supprimant les photos de moi dans son téléphone, et les musiques que j'avais rajoutées à sa playlist. Le but était vraiment de minimiser tout point de contact avec lui et qu'il n'y ait pas d'éléments qui lui fassent rappeler ma personne.

Pendant ces sept années de relation, nous avons créé des liens, des liens particuliers sur le plan physique mais surtout sur le plan spirituel. C'est comme s'il n'y avait qu'une seule âme dans deux corps différents. Pour aller de l'avant, il fallait que je brise ces liens et que je me libère de son emprise. Cela a été laborieux.

J'ai fait le choix de me séparer de ses cadeaux, des objets que j'utilisais au quotidien. Ma mère m'avait vivement conseillée de m'en séparer dès la rupture, je me suis débarrassée d'une bonne partie. Mais pour le reste, je n'étais pas prête, je ne voulais pas car c'étaient des objets onéreux que j'utilisais fréquemment. En effet, je trouvais cela ridicule de jeter des objets pour racheter les mêmes par la suite mais je me suis résignée. Le but était vraiment de me détacher de ces objets donc je les ai tout simplement amenés au local à poubelle. Cela a fait des heureux d'ailleurs. Je tenais à ne pas les vendre ou en faire cadeau à mon entourage. Je ne voulais en tirer aucune contrepartie.

C'était fini mais je pensais constamment à la relation passée, aux bons moments, j'avais envie de savoir ce qu'il devenait, je le cherchais inconsciemment. En plus nous habitions à côté l'un de l'autre, à 200 mètres, je voyais souvent sa voiture, cela n'arrangeait pas les choses. Une partie de moi voulait garder contact avec lui pour que je puisse faire appel à lui en cas de besoin. Je me sentais misérable de penser ainsi car ce n'était pas normal.

Au-delà de l'aspect matériel, j'ai réussi à me défaire de ces liens d'âme par la prière. En priant pour que Dieu me révèle les blocages, en demandant pardon et en renonçant à ces liens d'âme. La prière doit être sincère. Le pardon est puissant, cela te libère des personnes qui t'ont fait du mal, surtout qu'elles continuent leur vie et ne se préoccupent pas de toi. Si l'ennemi à l'intérieur de toi n'existe pas, l'ennemi à l'extérieur de toi ne peut rien faire. Et une fissure suffit pour que l'ennemi agit, il n'attend pas que la porte soit ouverte.

A cette période, je faisais beaucoup de cauchemars et je subissais des attaques spirituelles pendant mon sommeil, la nuit ou pendant mes siestes. Je sentais une présence ouvrir la porte de ma chambre, y rentrer et s'installer dans mon lit. Des fois, sur moi, des fois à côté de moi qui me bloquait, j'étais paralysée et je devais crier à Dieu pour en être libérée. Pourtant, je suis une personne qui fais rarement des cauchemars, je suis convaincue que c'était lié à ma volonté de briser ces liens.

CHAPITRE VII
Quand ton corps te dit STOP

« *Ne craignez pas ceux qui tuent le corps et qui ne peuvent tuer l'âme; craignez plutôt celui qui peut faire périr l'âme et le corps dans la géhenne.* »
Matthieu 10:28

Il est important de faire ressortir toutes les frustrations qui résident en nous, sous peine que notre corps crie à l'aide et en pâtisse.
En effet, je suis une personne qui a tendance à garder tout pour soi, je m'exprime rarement sur mes soucis. Généralement lorsque je le fais, le problème est déjà résolu ou la situation me dépasse et nécessite de l'aide extérieure.

En l'occurrence, lorsque j'ai commencé à me confier sur mes problèmes de couple, je n'en pouvais déjà plus, je voulais sortir de cette relation, j'étais persuadée que c'était la meilleure chose à faire mais j'avais peur et je n'étais pas prête mentalement. En fait, j'avais besoin de ressentir que j'avais tout fait pour que cela fonctionne, afin de ne pas regretter ce choix. La réalité est que j'ai fait bien plus, ce qui m'a amenée à me perdre complètement et à accepter l'inacceptable.

Avec du recul, je ne sais pas ce qui demande le plus de courage : continuer cette relation et rentrer dans ce mariage en étant malheureuse ou décider de tout quitter pour arrêter d'être malheureuse ? Je ne sais pas, car les deux demandent énormément de force mentale. J'ai tellement repoussé mes confidences que mon corps à commencer à exprimer cette douleur et ceci de plusieurs façons, je vais en évoquer certaines.

- **Eczéma de contact**

Environ quatre mois avant la rupture, j'ai commencé à développer de l'eczéma au niveau de l'annulaire de ma main gauche où était placée ma bague de fiançailles. Je la portais depuis huit mois déjà, elle était en or blanc et diamants donc il n'y avait aucune raison qu'il s'agisse d'une allergie de contact. La gêne était tellement insupportable que j'ai arrêté de la porter pendant quelques temps, afin que la crise d'eczéma s'apaise. En essayant de la porter une fois la crise passée, le même phénomène s'est produit mais avec beaucoup d'intensité, cela s'était aggravé car même après la rupture, la crise d'eczéma a continué pendant des mois et des mois alors que je ne portais plus cette bague.

Mon intérieur a emmagasiné de mauvaises pensées liées à cette relation et j'étais tellement convaincue de partir que même mon corps a essayé de se débarrasser lui-même de cette bague de fiançailles qui représentait notre alliance future.

- **Mal de dos**

Mon mal-être s'est également exprimé par le biais d'un mal de dos chronique, j'avais un nœud qui se déplaçait tant bien que mal sur toute la partie gauche de mon dos. Ce nœud arrivait parfois au niveau de mon épaule comme s'il voulait s'échapper puis se repositionnait plus bas au niveau de mes omoplates. J'ai fait une vingtaine de séances de kinésithérapie, qui m'ont clairement servies à rien. J'étais soulagée à court terme, c'est à dire pour deux ou trois jours mais la douleur revenait encore ensuite. Cette douleur a commencé trois mois avant la rupture et m'a quitté quelques semaines après la rupture. J'étais stressée et tendue, à force de subir toute cette violence psychologique et énormément me questionner sur ce qu'il était judicieux de faire: rester ou partir. J'en avais littéralement plein le dos, mon corps portait quotidiennement cette lourde charge psychique engendrée par ce problème personnel.

- **Kilos émotionnels**

Pendant les trois dernières années de la relation, qui ont d'ailleurs été les pires, j'ai développé des troubles du comportement alimentaire. Je me réfugiais dans la nourriture, à chaque fois que j'étais triste, énervée, en colère; la nourriture était là pour me réconforter. C'étaient les montagnes russes, tant au niveau de l'état de la relation que de l'état de mes émotions. Et même lorsque je faisais attention, mon corps stockait automatiquement comme s'il avait besoin de se protéger.

J'ai frôlé les 100kg en prenant une vingtaine de kilos, j'étais consciente d'avoir pris du poids mais pas autant. C'est avec le recul et en regardant mes anciennes photos que j'ai réalisé dans quel état j'étais. Mon mal être était lisible dans mes yeux et mon corps même si ma manière de m'habiller n'avait pas changé. J'ai toujours été coquette, aimé me faire belle et bien m'habiller; donc, à ce niveau-là, il n'y a pas eu de changement.

Comment ai-je eu ce déclic pour perdre du poids ?

Tout d'abord, le fait d'être sortie de cet enfer m'a libérée d'un poids, je me sentais beaucoup mieux dans ma tête, j'étais convaincue que j'avais fait le bon choix et je n'étais plus sujette à toute cette toxicité; donc, je n'avais plus ce besoin de me réfugier dans la nourriture. C'est comme cela que les premiers kilos sont partis.

En analysant les éléments déclencheurs, c'est-à-dire, en me posant les bonnes questions lorsque j'avais envie de manger, j'écoutais mes émotions. Lorsque je voulais manger car j'étais triste, en colère ou blessée, j'écrivais pour me décharger de cette émotion au lieu de la camoufler avec de la nourriture. Mon rapport à mes émotions et la nourriture a complètement changé ainsi que mon métabolisme et la façon dont mon corps stocke la graisse. Je me disais qu'il était inconcevable de laisser une personne ou une situation me mettre dans cet état où je pouvais avaler tout ce qui me passait par la main jusqu'à en avoir mal au ventre. Je ne pouvais pas me permettre de donner autant de pouvoir à autrui. Cela a été un travail laborieux mais nécessaire, je suis fière d'en être sortie. En m'attaquant à la source du problème, j'ai pu trouver une solution pérenne.

- **Règles douloureuses**

Ce mal être s'est également exprimé au niveau de mes règles. Je l'ai compris bien après car il y a eu un changement drastique. J'avais des relations intimes alors que je n'en avais pas envie et ce n'était pas en accord avec mes convictions étant donné que nous n'étions pas mariés. Mais, étant persuadé qu'on allait se marier, je me disais que c'était acceptable, alors qu'en réalité, je me trahissais. Mon utérus s'est porté à merveille une fois la relation finie. En effet, à ma grande surprise, je ne souffre plus de douleurs de règles et ceci pour mon plus grand bonheur ! Jamais je n'aurais soupçonné ces rapports être la source de mes douleurs de règles.

Toutes ces douleurs n'étaient pas de simples coïncidences, elles témoignaient clairement de mon état émotionnel. J'ai vu dans quel état de souffrance mon corps s'est retrouvé, et je n'ai plus du tout envie que cela se reproduise. Même si je ne me confie pas beaucoup plus qu'avant, l'écriture m'aide à me décharger de mes émotions.

Je suis convaincue que le meilleur est à venir. Nous avons de très belles expériences à vivre alors nous devons préserver nos pensées, notre âme afin d'épargner notre corps pour pouvoir profiter pleinement de ces expériences. Aime-toi réellement et assez pour prendre soin de toi, te libérer et ainsi avancer.

CHAPITRE VIII
La renaissance

« *Ne vous conformez pas au siècle présent, mais soyez transformés par le renouvellement de l'intelligence, afin que vous discerniez quelle est la volonté de Dieu, ce qui est bon, agréable et parfait.* » Romains 12:2

L'aspiration à devenir une nouvelle personne, une meilleure version de moi-même, se matérialise en me projetant dans la version idéale de ma personne que j'avais en tête. Je fais en sorte que chaque action me rapproche de la femme que je veux être.

- **Affirmations**

Cela a commencé par les affirmations. Une très bonne amie à moi, Monica, m'en a parlé et témoigné des bienfaits. Je me suis renseignée sur le sujet et j'ai commencé à écouter les affirmations d'une podcasteuse[3] tous les matins devant le miroir. C'est devenu une routine et effectivement, cela

---

[3] Mot anglais signifiant "femme qui diffuse des fichiers audios sur Internet pour permettre de les écouter et les télécharger"

permet d'être dans de bonnes énergies, de prendre confiance en soi et de réaliser sa valeur intrinsèque.

J'ai ensuite customisé ces affirmations afin qu'elles soient alignées à mes valeurs, ma spiritualité, ma propre vie, ma personnalité, mon vécu, mes objectifs. A force de se répéter des paroles positives, elles s'ancrent en nous et deviennent notre réalité. On prend conscience de notre pouvoir sur notre vie et que les blocages nous empêchant d'avancer viennent de nous-mêmes. Ces affirmations positives permettent de briser ces croyances limitantes.

- **Elévation spirituelle et émotionnelle**

La prière a été un socle pour ma renaissance, étant donné que j'avais remis entre les mains de Dieu cette décision par des prières de consultation, il fallait que je continue à entretenir cette relation avec Dieu afin qu'il puisse me donner discernement et sagesse dans mes prises de décision. J'ai commencé à prier tous les jours et à lire la parole de Dieu régulièrement, ma manière de prier a également changé. Je suis maintenant plus sincère dans mes prières dans le sens où lorsque j'exprime un besoin, je suis consciente que cela doit être selon la volonté de Dieu. Il est bon et veux notre bien, sa vision n'est pas celle des êtres humains ; donc, il arrive que l'on souhaite des choses qui ne seront pas bonnes pour nous. D'où l'importance de prier en ce sens.

Grâce à cela, j'aborde les épreuves de la vie sous un autre angle, je suis moins réactive, impulsive, j'agis de manière plus posée, je me laisse moins envahir par les émotions que me provoquent certaines circonstances.

Parfois nous souhaitons être dans une situation particulière, posséder certaines choses mais avons-nous réellement les épaules pour supporter tout ce que cela implique ? Rarement. Être connectée à Dieu quotidiennement permet d'avoir cette force nécessaire pour surmonter les moments difficiles et avancer dans la vie de manière saine. Il s'agit tout simplement d'une élévation spirituelle et émotionnelle.

- **La véritable foi**

Cette rupture m'a fait prendre conscience que ma foi en Dieu n'était pas aussi solide que je le pensais. Ma foi actuellement est beaucoup plus forte que celle que j'avais avant la rupture, et de très loin. Ma foi m'a permis de placer totale confiance en Dieu, quitter cette relation sans savoir ce qui allait se passer par la suite, comment j'allais vivre cela. C'est un réel saut dans l'inconnu, ma vision pour l'avenir, mes projets, mes repères, mes habitudes que j'ai prises durant ces dernières années : tout a changé.

Ma foi actuellement me permets de vivre sereinement, mes décisions ne sont plus conditionnées par la peur d'être seule, de ne pas trouver un bon époux. Mon rapport aux hommes est donc différent et les relations sont saines. Je suis dans une période de préparation pour mon mariage avec l'homme que Dieu aura choisi pour moi, pas celui que j'aurais choisi pour moi. Je ne sais pas combien de temps cette période durera mais la patience est la clé.

- **La gratitude**

Je remercie Dieu tous les jours pour cette nouvelle vie, pour la femme que je suis devenue et que j'aspire à être. La gratitude nous recentre sur le positif et les bénédictions que l'on reçoit chaque jour. Dieu nous aime et nous bénit tous les jours. À nous de faire cet exercice, régulièrement, d'analyser nos journées et sélectionner les moments mémorables, qui nous ont fait sourire, rire, fait plaisir, rendu joyeuse. La clé est de se focaliser sur ce moment, même s'il a été le seul de la journée. Cela permet de se souvenir qu'on est aimé, d'un amour le plus inconditionnel qu'il soit.

Cette routine, je l'implémente dans un carnet où je note au moins un événement qui m'a fait plaisir dans la journée, le soir avant de dormir. Mon père m'a dit une phrase que je n'oublierai jamais: « Ne place pas ton bonheur chez les autres, ton bonheur doit venir de ton intérieur ». Ce carnet de gratitude cultive ce bonheur, être heureux est une question de choix.

- **Se faire confiance**

Nous sommes tous dotés, homme comme femme, d'intuition. L'intuition est un ressenti qui nous alerte et qui nous permet d'appréhender des situations, de sonder des personnes. Notre intuition vise toujours juste, elle ne trahit jamais. Il est important de l'écouter, car plus on l'écoute, plus on l'aiguise, plus elle nous protège de situations inconfortables voire dangereuses. Je qualifierais l'intuition d'arme de protection.

Trop souvent, nous ne faisons pas confiance à notre intuition, nous pensons être paranoïaque, en faire trop ou penser que notre ressenti n'est pas légitime. Mais rassure-toi, tu n'es pas folle. Si tu as des doutes, c'est qu'il y a des raisons de douter.

Il faut savoir s'écouter et faire confiance à cette voix interne qui nous parle. Plus on est connectée à soi-même, plus on est à même de reconnaître qu'il s'agit de notre intuition, de l'écouter et d'agir en conséquence. Plus on suit ce chemin-là, plus notre sens intuitif se développe. Pour l'avoir expérimenté, je prête attention à cette voix, ce ressenti, les émotions qui me traversent lorsque je suis en contact avec une personne ou face à une situation.

Je fonctionne beaucoup intuitivement, je m'écoute de plus en plus, et j'en vois les bienfaits. Lorsqu'une personne ou une situation m'est inconfortable, je n'hésite pas à couper court. Combien de fois ai-je annuler des sorties, pour réaliser que des bénédictions m'attendaient chez moi ou là où je me trouvais. Combien de fois ai-je continuer à fréquenter des personnes ou aller à un événement sur lequel je m'étais engagée tout cela pour être vidée, frustrée ou énervée car l'énergie qui y régnait était basse et négative. En fait, je n'avais rien à faire là. Il est vrai que je suis une personne qui tient ses engagements, mais si je ressens que je ne dois plus aller quelque part, je n'ai aucun scrupule à me désister, il s'agit de ma protection d'abord. Alors qu'avant, j'aurai été influencée par la volonté des autres et le fait que je m'étais engagée. Il faut apprendre à dire non sans avoir à se justifier et sans en être gênée. C'est ce niveau que j'ai atteint et j'en suis satisfaite.

L'intuition est un radar de protection, ne l'oublie pas, fais-toi confiance. Personne d'autre que toi n'est à même de prendre des décisions à ta place. Cela n'exclu pas de demander des conseils bien entendu. Mais laisser autrui réfléchir et décider à ta place est la porte ouverte à la manipulation et au danger. Dieu ne nous a pas donné cette capacité de réflexion, cette intuition pour qu'on la néglige.

- **Vivre et maximiser son célibat**

Vivre et maximiser son célibat pour avoir un célibat de qualité. Pourquoi est-ce important ? Avoir un célibat de qualité est gage de mariage de qualité car il permet de rentrer dans le mariage en étant restaurée, équilibrée et apte à vivre une relation heureuse.

Qu'est-ce qu'un célibat de qualité ? Je dirais qu'il passe en se concentrant sur soi et en arrivant à s'aimer et être heureux seul, par soi-même. La plupart des gens n'aiment pas se retrouver seuls car cela les met face à eux-mêmes. Être célibataire dans la société est mal vu alors qu'il n'y a rien de plus normal d'être seul. Les gens veulent à tout prix être en couple alors qu'ils ne se suffisent pas, ce qui crée des relations de couple déséquilibrées.

Me concentrer sur ma destinée m'a aidé à trouver un sens bien plus estimable à ma vie que d'être en couple. Je crois que chaque être humain a été créé pour une mission bien précise, mon but est de trouver ma mission de vie, ma destinée et la vivre. Chaque personne est dotée de talents ou d'expériences vécues qui grâce à des témoignages, peuvent en aider d'autres.

Chercher le chemin de sa destinée se traduit par se questionner sur ses dons, talents, ce qu'on aime faire afin de servir autrui. En creusant dans son enfance, ce qu'on aimait faire étant petite, et sa personnalité, on obtient des éléments de réponse et il est possible de créer une activité autour de nos talents, notre particularité, notre histoire, notre vécu. Cette introspection demande un gros travail sur soi-même.

Maximiser son célibat, c'est également se créer du temps pour s'explorer, explorer le monde et tout ce qu'il a à offrir. Vivre son célibat c'est se sentir libre, libre de pouvoir voyager, de rencontrer de nouvelles personnes, de nouvelles cultures et horizons. Voyager ouvre l'esprit, offre des perspectives et des opportunités que l'on n'aurait pas eu en restant toujours au même endroit. Notre vision du monde et de l'avenir tend à changer et évoluer lorsqu'on voyage.

J'ai repris des cours de danse et mes séances à la salle de sport. La danse me permet de m'exprimer, le sport d'évacuer les tensions, la colère. Cela a été thérapeutique. Je me suis consacrée à plusieurs projets, des castings de danse, la pâtisserie, écrire ce livre, prendre des cours de piano, prendre des cours d'Igbo (langue du Nigeria), lancer des business. C'est ce que j'appelle explorer les possibilités de ce monde.

Je suis ouverte aux rencontres, et par le biais de celles-ci, plusieurs opportunités se sont offertes à moi. Ces nouvelles rencontres m'ont permises de jauger mon évolution. Je considère que chaque rencontre est un moyen de s'évaluer soi-même : notre manière d'interagir avec la personne, les émotions que l'on ressent, notre capacité à accueillir et à gérer ses émotions, sa répartie, sa confiance en soi. Finalement, c'est révélateur de notre état. J'aborde le dating[4] différemment, en me priorisant, réellement et pas qu'en surface. Je suis fidèle à mes valeurs que je ne brade pas. Aborder les relations de couple en se connaissant, en sachant ce que l'on peut supporter ou pas est un gain de temps et d'énergie considérable.

Je chéris tellement ma période de célibat, c'est une grâce, elle me permet de faire énormément de choses sans contrainte. J'en profite au maximum car chaque saison a une fin.

---

[4] Mot anglais signifiant dans ce contexte, rencontres et relations hommes-femmes dans la sphère romantique et amoureuse.

CHAPITRE IX
Un état d'esprit gagnant

« *37. Jésus lui répondit : Tu aimeras le Seigneur, ton Dieu, de tout ton cœur, de toute ton âme et de toute ta pensée. 38. C'est là le commandement le plus grand et le plus important. 39. Et il y en a un second qui lui est semblable :Tu aimeras ton prochain comme toi-même* »
Matthieu 22:37-39

Rester ou partir ? La première question à se poser est de se demander si ton partenaire te respecte. Le respect se manifeste de différentes manières. Le partenaire doit respecter ta personne, qui tu es réellement, t'accepter dans ton entièreté c'est à dire autant tes qualités que tes défauts. Il ne doit pas essayer de te modeler à son image ou te changer pour lui plaire en t'oubliant. Modeler une femme, c'est lui faire du tort en lui faisant comprendre que ce qu'elle est ne va pas. C'est destructeur et cela lui fait perdre confiance en elle.

Il est important que ta parole ait de la place dans vos échanges, que ton point de vue soit pris en compte et non diminué. Si tu crains de t'affirmer par peur de perdre ton conjoint, quelque chose ne va pas. Agir par peur mène droit au mur.

Te respecter c'est aussi ne pas te mettre dans des situations ou états que tu ne supportes pas.

Avant de faire de prendre sa décision il est judicieux de se poser les bonnes questions, en voici quelques unes :

1. Quelles sont tes envies ?

....
....
....
....
....
....
....

2. Quelles sont tes frustrations ?

....
....
....
....
....
....
....

3. Si tu pars demain, comment va s'articuler ta vie et celle de tes enfants si tu en as ?

....
....
....
....
....
....
....
....

4. As-tu un plan ? Des économies, des personnes qui peuvent t'héberger ou un endroit où vivre en sécurité ?

....
....
....
....
....
....
....
....

Prend également ce précieux conseil, si tu es dans une situation abusive, va porter plainte, ou déposer une main courante. Ne protège pas ton bourreau.

Se choisir est loin d'être un acte égoïste, c'est tout simplement faire le choix de choisir le meilleur pour soi, en d'autres termes se prioriser.

Se choisir c'est hiérarchiser les situations et mettre au premier plan celles qui nous permettent d'être en accord avec nous même, d'être heureuse, d'avoir une vie saine. Grâce à cela j'ai développé une autre façon de penser et de voir les choses : aimer Dieu et en faire sa priorité, s'aimer soi puis aimer son partenaire.

- **Aimer Dieu et en faire sa priorité**

J'ai réalisé que placer Dieu au centre de ma vie et en faire une priorité était la chose la plus importante à faire pour mon équilibre en tant qu'individu. Son amour est à son image, il est omniprésent, omnipotent et omniscient. Omniprésent, son amour existe peu importe l'endroit où je me trouve. Omnipotent, son amour est inconditionnel, d'une portée et d'une envergure incommensurable. Omniscient, il sait tout parfaitement car créateur de toute chose, il a cette capacité à connaître et maîtriser toutes les façons d'aimer.

En ayant conscience de tout cela, j'ai compris que je ne suis jamais seule dans ce monde, je suis aimée en toutes circonstances et en tout temps. Et cela aucun être humain ne peut me l'apporter, seul Dieu en est capable. Seul Dieu peut combler ce vide d'amour en moi et en faisant de lui ma priorité, ma coupe d'amour se remplit afin que je puisse remplir celle des autres. De cette manière, je n'ai plus besoin de solliciter mon partenaire pour qu'il comble un vide qu'il n'a pas la capacité de combler en tant qu'être humain. Les relations s'assainissent et s'équilibrent ainsi. Placer Dieu au centre de ma vie m'équilibre non seulement moi en tant qu'individu mais également le couple.

Comment faire de Dieu sa priorité ?
Faire de Dieu sa priorité est un mode de vie, je me lève avec Dieu, je réfléchis avec lui, toutes mes décisions se prennent avec lui, tous mes déplacements se font avec lui, je me couche avec Dieu. Ce n'est pas juste une question de suivre une religion ou d'aller à l'église tous les dimanches, non. C'est véritablement marcher avec lui, lui donner la place qui lui revient dans ma vie, la première place, c'est à dire celle de diriger ma vie, j'aspire à ce qu'il n'y ait pas une seconde de ma vie passée sans lui. Mon but est maintenant que mon existence sur

cette terre soit le reflet de sa volonté, c'est tout ce qui m'importe, c'est la clé de mon épanouissement car j'aurai accompli la raison pour laquelle j'ai été créée.
En effet, il est écrit en Psaumes 37:4 :
« Fais de l'Eternel tes délices, Et il te donnera ce que ton cœur désire ».

- **S'aimer soi**

S'aimer, commence par se connaître soi-même, ses défauts et ses qualités, ses zones d'ombres et de lumières, ses faiblesses et ses forces, toutes ces facettes qui nous composent, les accepter et apprécier chacune d'elles. C'est ce qui fait de nous des êtres uniques à part entière.

Nous avons tous une expérience de vie singulière, qui trace le cheminement vers notre destinée.
Ayant conscience de cela et de ses capacités permet de se concentrer sur soi, de se réaliser, de s'apprécier, de s'aimer.

C'est un long processus, nous disposons tous d'un bagage différent, certains auront plus de facilité à s'aimer, d'autres ne s'aimeront jamais. Et je parle ici du véritable amour, l'amour profond de soi dans son intégralité, pas uniquement son physique, ou encore l'image que l'on renvoie aux autres. Il est primordial que chacun prenne conscience de sa valeur, pour oser faire ce qui l'anime, prendre sa place au sein de la société, s'affirmer, ne pas se laisser manquer de respect. S'aimer également pour pouvoir passer du temps seul et apprécier ces moments, ne pas dépendre de quelqu'un pour toute chose, être complet et se réaliser en tant que personne.

Comment s'aimer ?
Nous avons été créés à l'image de Dieu, tout ce que Dieu fait est bon, nous sommes des créatures merveilleuses, capables de faire de grandes choses. Retiens bien ceci, personne ne peut te faire croire le contraire, c'est comme cela que je me suis rappelée qui j'étais, et que j'ai commencé à m'aimer véritablement. Quand tu te vois avec la manière dont Dieu te vois, tu comprends que tu n'es pas n'importe qui, et que tu es capable de faire de grandes choses.

- **Aimer son partenaire**

J'affectionne particulièrement le passage de la Bible en 1 Corinthiens 13:4-7 donnant la définition de l'amour :

> «4. *L'amour est patient, l'amour rend service. Il n'est pas jaloux, il ne se vante pas, il ne se gonfle pas d'orgueil. 5. L'amour ne fait rien de honteux. Il ne cherche pas son intérêt, il ne se mets pas en colère, il ne se souvient pas du mal. 6. Il ne se réjouit pas de l'injustice, mais il se réjouit de la vérité. 7. L'amour excuse tout, il croit tout, il espère tout, il supporte tout.*»

L'amour inconditionnel y est décrit et c'est sur cette base que je m'appuierai pour aimer mon mari. Donner cet amour, le recevoir et le vivre est ce à quoi j'aspire. Il est essentiel d'aimer son partenaire tel qu'il est car on l'a choisi en fonction de sa personnalité. D'où l'importance aussi de se rappeler les raisons pour lesquelles on l'a choisi et d'avoir conscience que certaines qualités vont de pair avec leurs défauts. Aimer, c'est respecter son partenaire, son unicité, sa personne, son intégrité, en l'acceptant et en ne voulant pas le modeler à notre façon. Il n'est jamais agréable pour quelqu'un de recevoir des commentaires visant à le faire rentrer dans un moule qui lui fera plus de mal que de bien. Dans ce cas, mieux vaut choisir un autre partenaire qui conviendra à sa vision ou du moins, qui s'en rapprochera le plus.

Finalement, cette définition de l'amour nous emmène à se comporter comme Dieu se comporte avec nous. Voilà pourquoi il est si difficile d'atteindre cette dimension de l'amour. Cela demande un travail à faire sur soi, son caractère et ses blessures d'âme. Une réelle introspection, certes douloureuse, mais nécessaire, que bon nombre de personnes fuient malheureusement.

Dans ma vision du mariage, on se respecte, on veille à ce que l'autre soit à l'aise, on est loyal envers ses engagements. Être marié c'est aussi former une équipe, se motiver, se challenger, se réjouir des accomplissements de l'autre, bref bâtir un « empire ». Et surtout, être une source de bénédiction dans son entourage, une lumière, un rayonnement. Impacter la vie des gens positivement, leur donner envie de connaître la merveilleuse institution de Dieu, qu'est le mariage.

Aimer Dieu d'abord, puis soi-même afin de remplir cette coupe d'amour qu'on partagera avec son partenaire. Tel est la clé à mon sens pour vivre un mariage sain, et éviter les dérives dans le couple.

CHAPITRE X
Mes 8 sujets de prière pour le mariage

« *C'est pourquoi je vous dis : Tout ce que vous demanderez en priant, croyez que vous l'avez reçu, et vous le verrez s'accomplir.* » Marc 11:24

1. Seigneur, guéris mes blessures d'âme

Nos expériences de vie depuis la naissance laissent des empreintes sur notre âme. Elle est entachée de douloureuses épreuves qui modifient notre façon de percevoir le monde et de réagir aux circonstances de la vie. A cause de nos blessures, nous interprétons les actions des autres à tort, nous décodons les événements à travers notre prisme. Les relations que nous avons peuvent être gâchées par notre façon de réagir, qui est souvent un mécanisme de défense pour se protéger de souffrir à nouveau. Tu comprends donc qu'une relation de couple peut être vivement affectée si tu n'as pas fait ce travail de guérison.

C'est pour cela qu'il est primordial de prier Dieu afin qu'il puisse restaurer notre âme. De remplacer les paroles, les pensées qui nous rattachent à ces blessures par les paroles de Dieu, les véritables qui caractérisent nos vies et notre identité.

Une fois ce travail fait, tout change, les nouvelles perspectives voient le jour et nous avons des relations équilibrées. Le mariage n'est pas un centre de réhabilitation, les deux parties doivent être guéries de leurs blessures émotionnelles.

Au delà de la relation de couple, en étant guéris, c'est nos enfants qui bénéficieront d'une éducation positive. Nous ne projetterons pas nos insécurités sur eux et nous ne déverserons pas non plus nos frustrations sur eux.

2. **Seigneur, brise les liens d'âmes négatifs, les liens des relations passées et les liens familiaux**

Les liens de relations passées et familiaux, nous enferment dans des schémas de pensée, qui sont à l'origine de nos actions. Si tu constates que tu es toujours dans le même type de relations ou que tu vis les mêmes épreuves, maladies etc., c'est que tu es sûrement encore attachée aux relations passées ou au sort de ta lignée familiale.

Les liens d'âme nous lient à d'autres personnes que notre mari. Sur plan physique, le couple est constitué de deux personnes, mais sur le plan spirituel, on a affaire à plus de personnes. Ainsi, il est plus difficile de faire avancer une relation car le mari ou la femme sont encore liés.

Prier pour briser les liens familiaux, afin que notre vie ne soit pas conditionnée par le sort de notre lignée familiale mais par les seuls choix que nous avons fait de manière consciente ou non.

3. Seigneur, améliore mon caractère

Tout homme et toute femme désire avoir la paix dans son foyer. Celle-ci peut être garantie par la gestion des émotions et de son caractère.

Comment gérer ses émotions ? En les accueillant telles quelles sont, sans chercher à vouloir les minimiser. Puis en essayant de comprendre les raisons pour lesquelles on les ressent. L'idéal est d'éviter d'agir sous le coup de l'émotion car elles nous poussent à réagir de manière impulsive, sans avoir le recul nécessaire pour prendre les meilleures décisions.

Il est important d'être conscient de son caractère, des effets qu'il peut avoir dans une situation et la manière dont il est perçu par les autres. Notre caractère apaise t-il l'atmosphère, apporte-t-il de la gaîté ou au contraire, met-il mal à l'aise les gens, irrite t-il les gens ? Savoir sonder son caractère puis travailler dessus, telle est la clé pour que son partenaire soit en paix.

Travailler sur son caractère concerne toutes les sphères de notre vie, car elles sont liées. Par exemple, un caractère problématique dans la sphère professionnelle peut affecter le foyer notamment dans le cas de perte d'opportunités professionnelles.

La clé est de prier pour être remplie de l'Esprit Saint afin de toujours rechercher la paix dans l'ensemble de nos interactions sociales et ne pas rentrer dans des guerres d'égos.

4. Seigneur, apporte moi discernement et sagesse dans le choix de mon mari

Lorsqu'on est célibataire, on est sollicitée par plusieurs types d'hommes qui souhaitent des relations plus ou moins sérieuses. Lorsque cette période de célibat nous paraît longue, interminable, nous pouvons avoir des moments de faiblesse et penser voir des signes partout nous révélant l'identité de notre mari. Il est fort probable que nous soyons ainsi sujette à la mauvaise interprétation de certaines paroles ou actions faites par des hommes que nous sommes amenées à fréquenter, à côtoyer.

Pour éviter de se faire des films et surtout éviter de se jeter à cœur perdu sur le premier venu, je recommande vivement de demander à Dieu de te remplir de discernement et de sagesse. Pourquoi ?

Le discernement est ce qui va permettre de juger avec justesse des situations. Et également d'avoir le maximum de clés pour déceler le vrai du faux, la vérité du mensonge, la meilleure option à choisir parmi d'autres en évaluant les différents choix qui s'offrent à nous et leurs conséquences.

La sagesse va nous permettre d'agir en conscience, et avec prudence. Avoir la sagesse n'est pas synonyme d'avoir la connaissance, mais d'agir conformément à cette connaissance.

En ayant ces deux caractéristiques, nous serons en mesure de mieux évaluer les situations et surtout les vivre telles que Dieu veut que nous les vivions. Cela nous permet de faire appel à notre esprit, plutôt qu'à notre chair et nos émotions; et donc, de prendre des décisions plus réfléchies et rationnelles. Des décisions sur lesquelles nous n'aurons pas de regret car nous n'agissons pas sous le coup de l'émotion, qui peuvent être fortes et nous faire réagir démesurément.

5. Seigneur, que ta volonté soit faite, selon la destinée que tu as prévue pour moi

Le temps de Dieu n'est pas celui des Hommes. Il opère d'une façon tellement mystérieuse qu'il est impossible de connaître les épreuves que l'on va traverser à l'avance. De même, les raisons pour lesquelles nous passons par certaines épreuves nous sont dévoilées qu'au moment venu. Et c'est là que nous comprenons qu'il était nécessaire de les vivre pour arriver au niveau où nous sommes actuellement. Certaines opportunités n'auraient jamais pu voir le jour ou du moins, avec plus de temps peut-être, si nous n'avions pas développé certaines compétences grâce aux coups durs de la vie.

Chaque chose en son temps. Avec cet état d'esprit et en sachant tout cela, la meilleure chose est de tout remettre entre les mains de Dieu. Prier pour qu'il nous guide à chacun de nos pas, chaque décision, chaque comportement, afin que sa volonté soit faite. Garder en tête que Dieu est toujours là pour nous, qu'il veut notre bien et même, le meilleur pour chacun d'entre nous. Être chrétien ne nous immunise pas des aléas de la vie mais en suivant ses voies, avec la foi et lui faisant pleinement confiance, nous récoltons toutes ses promesses et nous lui laissons la place afin qu'il manifeste sa gloire dans nos vies.

6. Seigneur, prépare-moi au mariage sur tous ses aspects

Nous ne pouvons pas nous comporter de la même manière en vivant seule et étant célibataire qu'en étant mariée.
Lorsqu'on vit seule, nous avons cette indépendance qui nous permet de vivre comme bon nous semble, de faire ce qu'il nous plaît qu'importe le lieu, l'heure, les personnes. Nos actions ont un impact que sur notre propre vie; donc, nous sommes les seules personnes légitimes à avoir un avis sur notre vie.

En étant mariée, notre mari rentre en jeu, et il faut le considérer dans nos plans de vie. Les décisions doivent se prendre à deux dans le respect de l'un et l'autre. Chacun, mari comme femme, doit trouver son compte dans le mariage.

Demande à Dieu de disposer ton cœur à accueillir ce mari dans ta vie, à lui faire de la place, à faire des concessions et penser pour le bien du couple, pas seulement ton bien et tes propres intérêts.

D'autres aspects de prière peuvent porter sur la gestion des finances, l'équilibre du foyer par exemple.

7. Seigneur, permets-moi de profiter de ma saison de célibat

Chaque saison de notre vie existe pour une raison précise. Il est important de savoir dans quelle saison on se trouve et d'agir en fonction car tout est éphémère.

Quoi de pire qu'être dans sa saison de célibat, d'être triste de sa condition, de toujours vouloir être en couple, de se précipiter pour être en couple et être déçue car la relation ne nous convient pas ou est difficile du fait qu'on ait choisi quelqu'un d'incompatible. Au final, on ne profite ni de son célibat ni de son mariage.

Selon moi, la meilleure attitude à avoir est d'embrasser sa saison, de maximiser ses opportunités, de se concentrer sur les aspects positifs et d'en tirer le meilleur. Le célibat est une saison où nous avons plus de temps à nous consacrer, pas de compromis ou très peu à faire sur son emploi du temps et ses choix d'activités. C'est la période la plus propice pour se développer, s'élever et se consolider, découvrir de nouvelles choses, étendre sa zone de confort.

Le célibat, lorsqu'il est bien vécu est une bénédiction, un temps de préparation pour la saison suivante qu'est le mariage.

Considère que si ton célibat dure trop longtemps à ton goût, c'est tout simplement que tu n'es pas encore prête pour le mariage. Dieu attend de toi que tu te réalises d'abord avant de chercher à te marier. Le mariage est certes important, c'est une institution divine, mais ce n'est pas le but d'une vie. Le but premier est ta destinée. Lorsqu'on regarde dans l'histoire du monde, on n'a jamais précisé le statut marital des personnes qui ont impacté le monde, médite là-dessus.

8. Seigneur, je prie pour mon futur mari

Si tu es vraiment prête, et que le mariage tarde, c'est sûrement que la personne qui t'est destinée ne l'est pas encore. Prier pour son futur mari est tout aussi important que prier pour se marier et prier pour soi. Comme toutes les prières que tu présentes à Dieu te concernant, il faut également que ton mari puisse être au même niveau de préparation que toi. Pas nécessairement à 100% mais dans la majeure partie et sur d'autres détails vous pourrez vous élever l'un l'autre mais la base doit être commune et solide. Ainsi, vous pourrez accomplir de grandes choses, être épanouis et ne pas être pollués par la gestion de caractères problématiques dus aux blessures d'âme.

Prier pour son mari, c'est également demander à Dieu de disposer son âme et son cœur à te recevoir dans sa vie, afin que tu puisses représenter son meilleur choix d'épouse, qu'il en soit conscient et qu'il l'affirme.

C'est également prier pour lui comme s'il était déjà dans ta vie, en intercédant au niveau de sa santé physique et émotionnelle, son travail, son épanouissement, sa vision et ses projets de vie.

Prier pour quelqu'un, c'est lui témoigner de l'amour; c'est une preuve que nous tenons cher à cette personne, que nous la portons dans notre cœur.

Prier également pour que nous formions un mariage solide, équilibré, dans l'amour, le respect et l'abondance. Que chacun sache comment traiter l'autre et lui faire plaisir.

Il ne faut pas attendre que le mari soit dans ta vie pour prier à ce sujet, mais le faire dès à présent, surtout si tu ressens que c'est ce que Dieu te met à cœur de faire.

CONCLUSION

Ce fut une belle relation, belle dans sa complexité, belle dans ce qu'elle m'a apportée. Nous avons passé de superbes moments, à se découvrir, à rire, à s'entraider, qui constituent de bons souvenirs. C'étaient aussi des cris, des pleurs, des blessures d'âme, nous nous sommes déchirés dans notre manière d'aimer, nous n'avons pas su nous aimer correctement.

Je ne lui en veux pas. Il est difficile de donner ce que tu n'as pas. Ce n'est pas impossible, mais c'est difficile. Quand on ne t'apprend pas à aimer à la maison, tu apprends dehors et tu reproduis ce que le dehors t'as appris. Certains sont bien lotis et s'en sortent en ayant de bons exemples dehors, d'autres sont moins lotis, et là c'est catastrophique.

Je retiens qu'il faut arriver à se détacher et à pardonner même si la personne ne nous donne aucune explication ou qu'elle ne s'excuse pas. Je refuse de me torturer l'esprit, de ternir mon cœur avec les rancœurs du passé, de me rendre aigrie et moche pour une personne qui ne me considère pas, qui n'est pas affectée par la situation ou qui s'en moque. Cela n'a aucun sens.

Tout arrive pour une raison dans la vie. Je me suis jetée dans cette relation sans Dieu, il ne pouvait pas intervenir pour la sauver car il n'a jamais été dedans. Comme disait le Pasteur Ken Luamba : « Dieu ne peut pas être l'Omega d'un projet s'il n'en a pas été l'Alpha ».

L'amour est puissant, une fois que l'on sait aimer sainement c'est merveilleux. Je crois en l'amour, j'aime aimer. Cette expérience ne m'a pas dégoûtée des relations amoureuses, au contraire, car j'ai fait ce travail de comprendre ce qui n'a pas fonctionné.

Je suis reconnaissante d'avoir traversé cette épreuve, je me rapproche de la femme que j'ai toujours voulue être. Pendant toutes ces années, Dieu me parlait, j'ai fini par l'écouter et le suivre. Rompre mes fiançailles avec Hervé a été la meilleure décision de ma vie. Dieu a la première place dans mon cœur, c'est ce à quoi j'aspirais depuis longtemps, et cela s'est réalisé. L'obéissance est un choix et une grâce. Chaque jour que Dieu fait, je vois ses promesses se réaliser. Il m'aime, me guérit et me donne tout. Je suis en paix car je sais que je suis à l'endroit où je dois être, sur le chemin de ma destinée.

Je te souhaite également d'être en paix et de trouver ce pour quoi Dieu t'a créée. Amen

Pour toute personne souhaitant être accompagnée, je serai ravie d'aider, je suis joignable à l'adresse email suivante : thewinnerwomen@gmail.com

Je t'invite à partager ton avis concernant ce livre sur le site internet où tu l'as acheté.